今日もかき氷

【進化版】

蒼井優

写真・木寺紀雄

かき氷のおいしさに目覚めてから、
もうずいぶんたちました。
いまでも一年中、頭の中にはかき氷。

〈茶房 空花〉（p.14）の「白くま」かき氷を木漏れ日の下で。ソースで味を変えながら食べられるのもうれしいポイント。

おしながき

COVER
写真・木寺紀雄
スタイリング・岡本純子
ヘア&メイク・赤松絵利(esper.)
かき氷・ひみつ堂

衣装協力
コム デ ギャルソン/
ドーバー ストリート マーケット ギンザ

※掲載されている2014年以前の日付は、原則として『Casa BRUTUS』の掲載日です。

今日もかき氷。

カーサ ブルータスの編集チームに「かき氷の連載をしたい」と
打ち明けたのは、いまから10年以上も前のこと。
行きたい店のリストをまとめて、みんなで打ち合わせを重ねて、
2009年から連載がスタートして5年間。
ほんとうにたくさんのお店に行ったなぁ。春夏秋冬、よく食べました。
はじめた頃は、かき氷はまだ、お祭りの屋台で食べるもの、
もしくは家庭用の機械でお母さんが削って……という存在でした。
それが少しずつおいしいお店が増え、かき氷好きの人も増えて、
『今日もかき氷』は「初回版」と「完全版」、二度も本になりました。
そしてなんと、このたび「進化版」が刊行されることに！
「初回版」は大好きなお店を紹介できることがうれしくて、
「完全版」の頃は〝おいしい〟がスタンダードになったことに驚き、
「進化版」ではさらに進んだかき氷の姿をお届けしたいと思います。
かき氷ファンのみなさんと一緒に楽しめる本になりますように。

蒼井優

2020年6月

名店を訪ねて、鎌倉に行きました。

久しぶりのかき氷！ おあつらえ向きの天気の中、鎌倉まで足を延ばして、気になっていた店を訪ねた蒼井さん。大きな庭付きの古民家など、鎌倉らしいロケーションも魅力です。

最初に訪ねたのは和田塚駅近くの〈茶房空花〉。200坪の大きな庭を見ながら食べられる、愛らしいかき氷が大人気。

右／緑のアプローチでかき氷への期待が高まる。左／「鎌倉レモン」1,400円。レモンとミルクの組み合わせもばっちり。

初夏の鎌倉を訪れた日、私にとって久しぶりの小旅行でした。2020年の春は家の中で過ごしていたので、木々の緑や海からの風がいつも以上に心地よく感じました。この小さな旅の目的は、もちろんかき氷。ネットで調べて気になっていたお店が長谷と由比ガ浜にあったのです。前回の〝かき氷ロケ〟が2014年だったので、撮影チームと会うのも久しぶり。前の晩は楽しみになりすぎて一睡もできなかった（笑）。梅雨時にもかかわらず、「これぞかき氷日和」というお天気のロケになりました。由比ガ浜の〈茶房 空花〉はお庭を見るのも楽しみのひとつでしたのでうれしかったな。やっぱり鎌倉散策はこうでなきゃ。和の料理人さんが手がけるかき氷は、氷の扱い方、削り方も素晴らしく、「かき氷もここまで来たか！」と感無量に。長谷寺に近い〈vuori〉は、紫陽花シーズンは毎年大にぎわい。どうなることかと思いましたが、お客さんも皆のんびりくつろいでいたので、私も丁寧に作られたかき氷とお茶で、ホッとひと息つけました。詳しいことはまたあとでお話ししますね！

この日は天気がよかったので特別にお庭でかき氷を食べさせてもらいました。ベリーソースの酸味が夏にぴったり。

上に散らされた３種のベリーが愛らしい
「白くま-ベリーミルク」1,400円。ミッ
クスベリーソースをかけながらいただく。

2020.06.16

茶房《さぼう》 空花《そらはな》 ／白くまーベリーミルク

２杯目の「鎌倉レモン」は、お庭を見ながらいただきました。かき氷の提供は毎年６月から９月頃まで。江ノ電和田塚駅から徒歩２分。かき氷は「白くま」「黒くま」がある。●神奈川県鎌倉市由比ガ浜2－7－12　☎0467･55･9522。11時30分～22時。不定休。

味もビジュアルも美しい、割烹料理店が作る氷。

元麻布にある日本料理店〈かんだ〉で修業を積んだ脇元かな子さんが料理長を務める〈茶房空花〉。３種類のベリーで作った水玉模様のような「白くまーベリーミルク」のベースはミルク。別添えのシロップをかけて〝いちごミルク〟に仕上げるのですが、見た目に対する繊細さはさすが和の料理人さん。そして何より、氷が私好みの「ふんわりシャクシャク」だったことに感動しました。聞けば、日光で天然氷を作っている〈四代目徳次郎〉で削り方を教わったそう。もうひとつの「鎌倉レモン」はレモネードを食べているような爽やかさ。ミントの青々しい苦みがシロップの上品な甘さを引き立てます。２皿とも見た目の美しさをはるかに超えたおいしさで、お庭を眺めながら身も心もホッとくつろげました。

こちらは期間限定の「珈琲ミルク氷」900円。上にちょこんとのっているのはアーモンド。練乳の甘さと塩気がよく合う。

2020.06.16

vuori《ブオリ》 / 白いんげんミルク

蒼井さんが食べているのは「白いんげんミルク」850円。由比ガ浜大通りに面するカフェ＆ギャラリーショップ。かき氷の提供は1階のカフェで。6月頃から9月中旬まで。●神奈川県鎌倉市長谷1－15－1　☎0467・23・2450。12時～17時30分LO。不定休。

一口頬張ったらまた食べたくなる魔法のミルク。

〈vuori〉の野崎咲耶子さんが作る「白いんげんミルク」は、ふわふわ氷にまんべんなくなじんだ練乳と白あんのバランスが見事。一口頬張った瞬間に「また食べたい」と言ってしまいました。練乳は牛乳と砂糖をぐつぐつ煮て、少しの塩で後味スッキリに。こだわりはとろみ具合。シャバシャバだと氷が溶けて、硬すぎると氷の中にミルクが入らないので、その塩梅を大切にしているそう。「珈琲ミルク氷」も練乳が大活躍。真っ白な氷を食べ進めると、3口目あたりでコーヒーゼリーとバニラアイスが現れます。ネルドリップで淹れた深煎りコーヒーゼリーとミルク氷を一緒にすくって……ああ完璧（笑）。素材のシンプルなよさを引き出した味に、かき氷界に新しい風がブワッと吹いていることを実感しました。

氷
氷

右／〈vuori〉の外観。手作りの氷旗が揺れている。左／〈茶房 空花〉はすぐ真横を江ノ電が走る鎌倉らしいロケーション。

2020年6月

奥が深すぎる、シロップのこと。

シロップのアレンジは、かき氷店の腕の見せどころ。
果物やミルクなどをふんだんに使ったものが主流ですが、
最近はスパイスや野菜など個性的なシロップが増えているようで……？

〈ヴィカのかき氷屋さん〉では果物のほかスパイスや酢漬けにした花びらなどを使用。独創的なシロップにファンが集まる。

右／「ルバーブ イチゴ ビーツ」。左／「いちじく アールグレイジャム クリームチーズソース そばの実」共に1,200円。

この数年で、見た目も味もレベルアップしていると評判のかき氷。訪ねたことのあるお店も、さらなる進化を続けているという情報は私の耳にも届いていました。目白の〈志むら〉がパワーアップしていることや、谷中の〈ひみつ堂〉のシロップが器から溢れ出していることなど（笑）。なんだか作り手たちも楽しんでいる感じ。氷とシロップというシンプルな構成のかき氷ですが、磨こうと思えばいくらでも磨ける原石なのだと実感しました。

そんな中、東京で2軒のお店が気になったのです。西荻窪にある〈ヴィカのかき氷屋さん〉と麻布十番の〈麻布野菜菓子〉。どちらもシロップに特徴があります。〈ヴィカのかき氷屋さん〉はリトアニア人のヴィカ・モノジナさんが、ギャラリースペースのキッチンではじめたお店。アートを学んできたヴィカさんのシロップは、素材の選び方、合わせ方、すべてがクリエイティブ。〈麻布野菜菓子〉のシロップからは、素材のよいところを引き出すとはこういうことだと知りました。どちらも素晴らしいかき氷。思い出すだけでワクワクします。

「サクラシロップ」1,200円。上に散らされているのは梅酢漬けのバラの花。「杏仁のような香りがする！」と蒼井さん。

西荻窪

2020.06.15

ヴィカのかき氷屋さん／サクラシロップ

無添加で、白砂糖を使わない自然でやさしい味のかき氷を提供。西荻窪の〈HATOBA〉で不定期営業。営業日時はInstagram（@vika_kakigori）で確認を。〈HATOBA〉●東京都杉並区西荻北5－7－19 2F。☎03・3397・1791。

リトアニアのエッセンスが詰まった進化系かき氷。

「かき氷は作り手のバックグラウンドがよく見える」というのは、アーティスティックなかき氷を生み出すリトアニア人のヴィカさんの言葉。西荻窪にあるギャラリー＆コーヒースタンド〈HATOBA〉のキッチンで独自の味を生み出して2年。常に新たなアレンジが加わるライブ感に溢れたシロップが評判を呼び、リピーターが続出しているそう。私が気に入ったのはサクラシロップ。桜の花を煮出して作るシロップに、梅酢に漬けてドライにしたバラの花がちりばめられていて、ビジュアルだけでときめきました。スパイシー・グレープもおいしかったな。トッピングのフェタチーズが、味に変化をつける句読点の役割をしていて楽しいんです。かき氷はもはや、日本だけのスイーツではなくなっていますね。

右はセロリ、左はミニトマトのかき氷。
オリジナリティ溢れるシロップだが、不思議とどちらもミルクにぴったり合う。

2020.06.15

麻布野菜菓子《あざぶやさいがし》／野菜のかき氷

かき氷はカフェ通常メニュー930〜1,000円、テイクアウト695円。写真はカフェ通常メニュー。ほかにチップスなど野菜を使ったお菓子も豊富に揃う。●東京都港区麻布十番3−1−5　☎03・5439・6499。11時〜19時30分（土・日・祝〜18時。変更の場合あり）。火曜休。

かき氷の可能性を広げてくれた野菜のシロップ。

以前、〈麻布野菜菓子〉の野菜チップスをお土産でいただいたことがあって、その味が好みだったんです。だけど、かき氷のシロップを野菜で？　ちょっと想像できなくて、「これは食べてみるしかない」と。食用のほおずきを使ったシロップは、香りのいいマンゴーにオレンジの爽やかさが加わったような味。コクと旨みが凝縮されたようなフルーティなトマトは、隠し味にクリームチーズを使っていて、甘みと塩気のバランスがほどよいのです。一番驚いたのはセロリのかき氷。半信半疑で（すみません！）いただきましたが大好きでした。セロリをレモンと砂糖で煮たシンプルな作りのシロップがなぜかパイナップルのような味わいに。おいしすぎる野菜シロップの登場で、かき氷の可能性がまた広がりました。

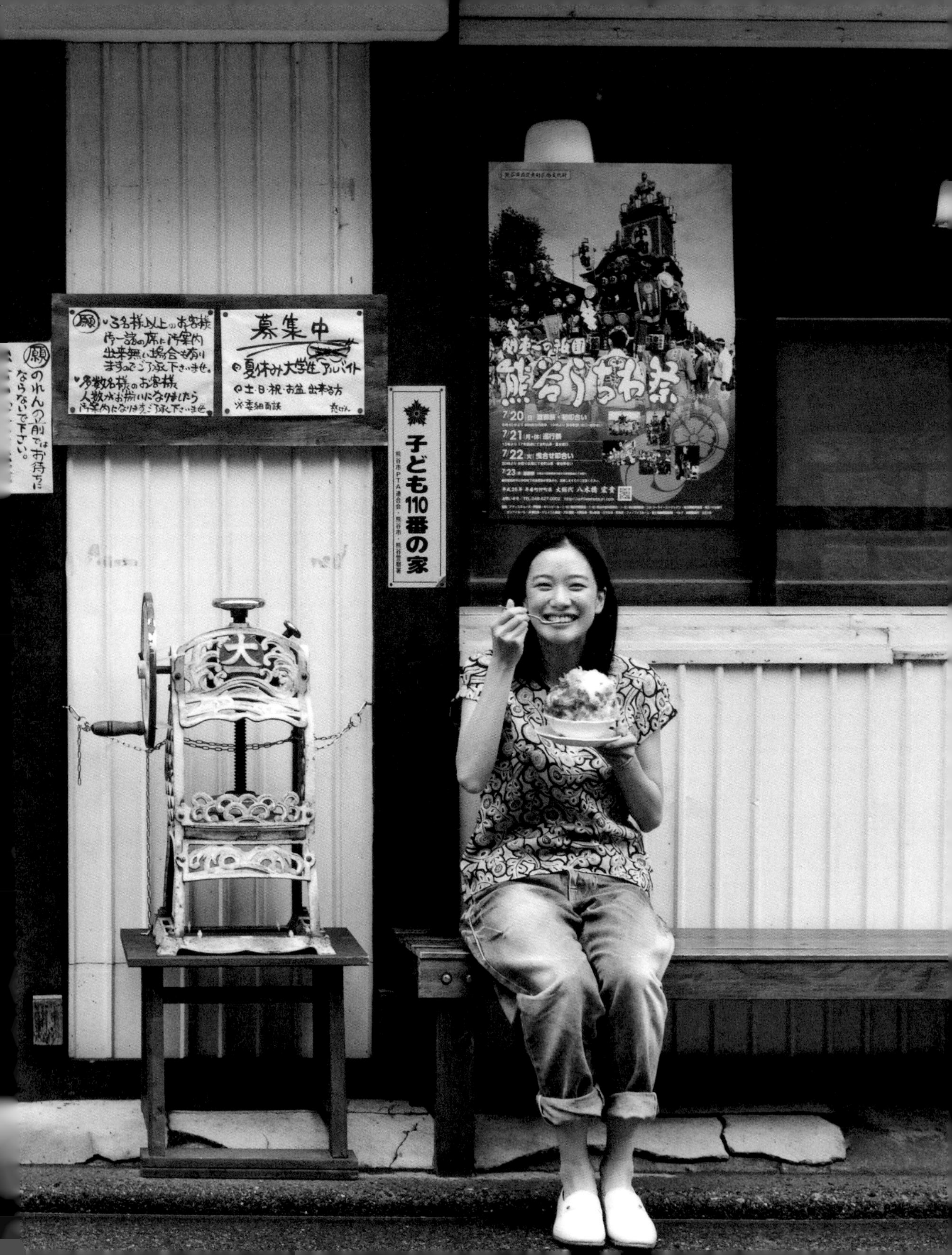
願
のれんの前ではお待ちにならないで下さい。
願
3名様以上のお客様
御一緒の席に御案内
出来無い場合も有り
ますのでご了承下さいませ。
多数名様のお客様
人数がお揃いになりましたら
御案内になります。ご了承下さいませ
募集中
夏休み大学生アルバイト
土・日・祝・お盆 出来る方
※委細面談
子ども110番の家
熊谷うちわ祭
7/20
7/21
7/22
7/23

2014年↓2009年

かき氷を求めて、旅がはじまります。

蒼井さんが「カーサ ブルータス」で訪ね歩いたかき氷は、なんと48軒。東京はもちろん、沖縄や鹿児島、ときには台湾やハワイまで足を延ばして。ここからは、その5年間の記録をすべて振り返ります！

熊谷の名店〈慈げん〉の軒先で暑さに負けず甘酸っぱい「すもも」850円（税込）をお楽しみ中の蒼井さん。

山形の庄内から取り寄せた甘みの強い「姫甘泉スイカ」を使用。「スイカをまるごと食べてるみたい」と蒼井さん。

2014.08.09

慈げん《じげん》 / 姫甘泉スイカ

旬のお品書きから、まずは「オレンジ系とにんじん」にミルクをかけてパクリ。「にんじんの甘さがいい仕事してます」●埼玉県熊谷市宮町2－95 間庭ビル1F ☎なし。11時～18時（9月以降11時30分～）。月曜休。「オレンジ系とにんじん」800円（ミルク120円）、「姫甘泉スイカ」830円（共に税込）。11月～3月はうどんも。

素材の旨みを最大限に生かす創作かき氷。

日本一暑い熊谷にスゴイかき氷があると聞いて、はるばる〈慈げん〉にやって来ました。〝並んでも食べたい店〟と呼ばれるようになったのは、熊谷市がクールダウン対策で始めた〝雪くまプロジェクト〟に参加したことがきっかけ。ふわふわに削った氷と各店のオリジナルシロップで街全体を盛り上げようという企画が、〈慈げん〉の名をたちまち広めました。店主の宇田川和孝さんは、氷をおいしく食べてもらうために店の室温管理も徹底し、遠方から来たお客さんの「せっかくだから2～3個食べたい」という気持ちに応えます。これまで生み出したメニューの数は1000以上。「シロップの材料も氷も何でも試したい。常に新しい味を追求している」と語る宇田川さんのかき氷は、情熱的な味でした。

あずきの味には定評があり、北海道産の
大納言をたっぷり使った「宇治金夏」890
円（税込）もファンが多い。

2014.08.09

みつばち／氷あずき

「氷あずき」を頬張る蒼井さん。●東京都文京区湯島3－38－10　☎03・3831・3083。10時30分～20時。無休。「氷あずき」680円、「クリームミルフル」800円（共に税込）。かき氷は５月の連休明けから９月末までの予定。

伝統の味を100年守る老舗の氷あずき。

小倉アイスの発祥の店として知られる湯島の〈みつばち〉は、明治42年の創業。初めての方はシンプルな「氷あずき」を頼んでみてください。あんこのおいしさで白い氷が何杯でも食べられます。「宇治金夏」に手をのばすのは2杯目までがまんですよ。アイスやカットフルーツの詰まった「クリームミルフル」は次回の楽しみにとっておいて、まずはあんこですからね（笑）。粗めに削られたパリパリ氷の食感とふっくら炊かれたあずきの相性がとてもよく、やっぱりかき氷はバランスが大切だと改めて思いました。氷業からスタートした〈みつばち〉は、冷たいスイーツを作ってきた歴史が違います。地元の喫茶店というのんびりした風情ですが、この氷あずきに、伝統の味を守り続ける老舗の気迫を感じました。

「玄米茶あずきミルク」はお茶の爽やかさと相まってすっきりとした味わい。熊谷の地下水でできた氷を使用。

2014.08.09

茶の西田園《ちゃのにしだえん》 / 玄米茶あずきミルク

あっさり味の「ほうじ茶あずき」。中に隠れた大納言は甘さ控えめの粒あんで、氷が溶けてもおいしさはそのまま。●埼玉県熊谷市妻沼1523　☎048・588・0304。11時〜16時(喫茶室)。月曜休。「玄米茶あずきミルク」780円、「ほうじ茶あずき」780円（共に税込）は共に熊谷名物の〝雪くま〟。

後味が上品な、お茶専門店の爽やかな〝雪くま〟。

秩父山地を源流とした熊谷のおいしい地下水を汲み上げて作る名物〝雪くま〟。明治元年創業の〈茶の西田園〉では、玄米茶やほうじ茶を使った爽やかな雪くまが食べられます。ふんわりシャクシャクに削られた丸く大きなかき氷は、食感もサイズも私的にはベスト。お茶のいい香りに包まれた店内は、なんだかとっても落ち着きます。店主の小林伸光さんいわく「このへんのおばあちゃんは氷を〝飲みに行く〟と言うんです。それにヒントを得て、溶けた氷まですっきり飲めるお茶屋ならではのシロップを作りました」。上質なお茶を味わう感覚のかき氷で、一口目より二口目のほうがよりおいしくなる飽きのこない味。お茶という昔ながらの素材を用いながらも、随所にチャレンジを感じさせるかき氷でした。

こちらは「氷宇治ソフト」390円。濃いめの宇治茶とソフトクリームの相性が抜群。「近所にあったら全メニュー制覇したい！」

2013.09.10

角屋《かどや》／氷ミルク プリン ソフト

「氷ミルク プリン ソフト」440円。30席ある店内はいつもにぎわっている。ソフトクリーム120円、アイス最中80円も人気。●大阪府大阪市旭区森小路2−8−22　☎06・6952・1487。13時30分〜21時。火曜不定休。

昔気質の職人技が光る、「これぞ大阪」な味！

大阪に住む友人が絶賛する〈角屋〉は、地元ファンがとびきり多い店。レトロな雰囲気がたまらず、私も吸い寄せられるように店内に（笑）。職人気質の無骨なお父さんと、30種類以上あるかき氷のメニューから選んで、自分で紙に書いて注文するんです。悩んだ末、オーダーしたのは「氷ミルク プリン ソフト」。このかき氷、ふわふわ氷の中にソフトクリームとプリンが隠れているんです。ひと口目はミルクの味を素直に味わい、ふた口目でソフトクリームと絡ませる。三口目でついにプリンもすくって……うまーっ！　一皿で3度も楽しめる最強のかき氷の値段はなんと440円。お父さんの企業努力に感服しました。帰り際に不器用な笑顔を見せてくれたときには、完全にファンと化していた私です。

シングルの氷くるみ餅は「あっという間に食べ終わり、名残惜しくなる絶妙なサイズです！」と感激する蒼井さん。

2013.08.10

かん袋《かんぶくろ》／氷くるみ餅

「氷くるみ餅シングル」（１人前）370円。ダブル（２人前）740円もあり、通年メニュー。お餅は持ち帰りができる。●大阪府堺市堺区新在家町東1－2－1　☎072・233・1218。10時～17時（売り切れ次第終了）。火曜・水曜休（祝日の場合は営業）。

明治時代に生まれた由緒正しき日本の涼感。

〈かん袋〉の始まりは鎌倉時代末期、和泉屋という餅菓子店がルーツといいます。今の商号は豊臣秀吉につけてもらったとか。そんな由緒正しい老舗で食べられるのが「くるみ餅」。27代目のご主人に話を聞くと、「緑色のあんこでお餅をくるんだお菓子としか言えないのです」という実直さ。印象としては、枝豆で餡を作る東北のずんだ餅に近いのですが、バランスのいい甘さで、私好みの味。

「氷くるみ餅」が誕生したのは明治の中頃。当時から変わらず、蜜はかけずに餡と混ぜながらいただくかき氷は爽やかなおいしさ。ポーションの小ささにも粋を感じます。ご主人曰く「氷を細かく削って、お餅と絡みやすく」するそう。メニューにくるみ餅と氷くるみ餅しかない潔さに感服！　この味は発明です。

〈kotikaze〉とは東風の意味。薄切りのレモンがのったミルクミント味のかき氷には、自家製練乳をお好みでかけて。

2013.08.10

kotikaze《こちかぜ》 ミルクミント

「ミルクミント」800円。カフェスタイルの和菓子と小料理の店で、かき氷には「ほうじ茶」900円、「黒みつ」950円などもある。ランチは松花堂弁当が人気。●大阪府大阪市天王寺区空清町2－22　☎06･6766･6505。9時～17時30分LO。不定休。※かき氷は４月から10月末頃まで。

和カフェでいただく、さっぱり味のミルク氷。

天王寺区にある〈kotikaze〉は、和菓子や朝食のお粥に定評のあるお店。路地裏のひっそりとした民家で、ゆったりとくつろぐことができます。この店の夏の風物詩がかき氷。割烹料理店で8年修業し、2005年に自分の店を開いた店主の近藤郁さんが、「うちは和菓子を扱う店なので、自家製の餡やみつを使って夏の名物を作ってみたい」とかき氷を始めました。定番の「ほうじ茶」や「黒みつ」に加えて、おすすめは「ミルクミント」とのこと。初めて聞くメニューに反応し、すかさず注文すると、まずはビジュアルのかわいさにきゅんとしました。薄切りのレモンが氷の上にちょこんとのっていて、レモンとミントシロップのW清涼感で口の中はさっぱり。湿度の高い日に食べたら、体がシャンとしそうです。

ワイキキから車で５分ほどの〈ワイオラ・シェイブアイス〉。サーファーや学校帰りの子どもたちが集まる昔ながらの店。

\ HAWAII /

2013年7月

シェイブアイス常夏物語。

ハワイのシェイブアイス（かき氷）を求めて、常夏のハワイへひとっ飛びしてきました！ロコたちに愛されるひんやりと甘いお話です。

ハワイのローカルたちは、誰でもシェイブアイスにまつわる素敵な想い出を持っているそうです。大人になった今でも子どもの頃に慣れ親しんだキャンディーみたいに甘～いシロップが大好物で、みんなひと口目を食べる瞬間はすごく幸せそうに「これこれ！」って顔をしているのが印象的でした。

シェイブアイスとはいわゆるハワイ風かき氷のこと。ふわふわやわらかい氷が主流で、シロップの有名どころだとレインボーやハワイアンデライトがあるけれど、最近ではスタイルを変えて一流レストランのデザートメニューにも上るほど。

日本でもやっと大人のスイーツとしてかき氷がメジャーになってきたけど、まだまだハワイほどは認知されていないなぁ。だって、こっちでは老若男女から愛されているんですから！

Custard Bowl ~$450
GREEN TEA
DIET STRAWBERRY
HAUPIA
GUAVA
LEMON LIME
LI HING MUI
LILIKOI
LYCHEE
MANGO
Pickled Mango
MELONA
MILK FLAVOR
ORANGE
ORANGE CREAM
Kiwi-Strawberry
Mocha Bowl ~$450
PINA COLADA
PINEAPPLE
POG (passion-orange-guava)
RASPBERRY
ROOT BEER
STRAWBERRY
STRAWBERRY CREAM
VANILLA
VANILLA CREAM
WATERMELON
COTTON CANDY
SOUR APPLE
SYRUP/FLAVOR:
BANANA CREAM
25 ¢
BANANA
BUBBLE GUM
CHERRY
CHOCOLATE
COCONUT
COFFEE
COKE
GRAPE
PEACH
BLUE HAWAII
Creamsicle
Milk Tea
Thai Tea
Honey
HAWAII SINCE 1940."
OPEN
ALOHA
Waiola shave ice
RAINBOW
HAWA
WAIOLA
I ♥ Waiola

待望のカスタードボウルを受け取ったばかりの蒼井さん。「プリンが落っこちないように、バランスよく歩かなくちゃ！」

Waiola Shave Ice

ワイオラ・シェイブアイス

アイスクリームボウル

根強い人気のレインボー・シェイブアイス。ロコたちは練乳やアイスクリームをトッピングした〝めちゃ甘系〟が大好き。

ローカルたちから愛される粉雪みたいなシェイブアイス。

ハワイ好きの友達から、「絶対に行っておいで〜」と言われていたのが〈ワイオラ・シェイブアイス〉。住宅街にあるためか、夕方になると学校帰りの子どもたちで行列ができます。その列の間に水着姿の大人たちの姿もあって、なんだかローカルな感じ！　オーナーのジェリー・リーさんは台湾系アメリカ人で、1940年にひいおじいちゃんが始めた食料雑貨とかき氷のお店を６年後に引き継ぎました。メニューにあずきがあったり、アジアな感じがしたのはそのため。私が選んだカスタードボウルはミルク味のかき氷の上に大きなプリンがのった豪華版。リーさんが３日かけて手作りする硬い純氷は、削るときめの細かい粉雪みたいにやわらかくなり、プリンが崩れないのが不思議なくらい。ミルクもやさしい甘さで、私好みでした。

data：

2135 Waiola St. Honolulu☎(808)949-2269。９時〜18時（土・日10時〜）。無休。上写真右はお餅がのった「あずきボウル」。左は「アイスクリームボウル」。共に$５。

※アメリカの国番号は１、ハワイの州番号は808。１ドルは約107円です（2020年７月時点）。

シェイブド・パイナップル

バニラのほかに、香りづけのジンジャーやライムも袋詰めする。薄く削ったライムの皮を振りかけるので、香りも爽やか。

ハワイ産の素材を使った 人気シェフの創作かき氷。

1995年に創業した〈アラン・ウォンズ〉は、ハワイの新鮮な食材を使ったリージョナル・キュイジーヌと呼ばれるフュージョン系の創作料理。ここのデザートメニューに3年前から加わったのが「シェイブド・パイナップル」です。これは地元産のパイナップルとバニラビーンズを袋詰めにして、カチカチに凍らせたものをおろし器で削ったニューウエーブ系かき氷。驚くほどふわっとしてる食感と口溶けのよさに、完全にハマりました。氷の下を支える脇役陣も絶品で、パッションフルーツのシロップとパンナコッタ、タピオカが層になっています。フルーツの水分だけを生かし、果実味がギュッと詰まったこの味を、ディナーの後にぜひ。

S King Street

Alan Wong's

アラン・ウォンズ

data :

1857 S.King St., 3rd Fl., Honolulu☎(808)949-2526。17時～22時。無休。パイナップルを削った「シェイブド・パイナップル」はコースの一部として提供。

Haleiwa

Aoki's Shave Ice

アオキズ・シェイブアイス

ハワイアン・デライト

「レインボー・シェイブアイス」（Ｌサイズ）$3.5を注文。明るいスタッフたちとの会話も楽しい。

ノースショアで続く ノスタルジックなお店。

この場所で32年間もかき氷店を続けてきた〈アオキズ・シェイブアイス〉が2013年５月末で閉店しました。日本人ファンも多い〝アオキ〟の味は、通りの向かい側に移転しました。とはいえ、このレトロな本店がなくなっちゃったのはやっぱり寂しい。

４代目のキャシーさんに聞いた話、ひいおじいちゃんとおばあちゃんが映画館のスタンドでかき氷やお餅を販売したのがアオキの始まりだそうです。当時のお客さんは映画を観ながらポップコーンじゃなく、かき氷を食べてたんですって。その後ノースショアにお店を構えた二人の遺志は４代にわたって引き継がれています。シロップを吸った甘くてなめらかなアオキのシェイブアイスをサーフィンの後に食べたら最高だろうなぁ。

data :

66-082 Kamehameha Hwy. Haleiwa☎(808)637-7017。10時～19時。無休。「ハワイアン・デライト」（Ｌサイズ）＋あずき＆アイスクリームトッピング$3.5＋カップ代$0.25。

キャシーさんのおすすめは、ハワイアン・デライトにあずきとアイスクリームをトッピングしたボリューム満点のかき氷。

見納めとなった〈アオキズ・シェイプアイス〉の前で記念撮影。2017年に斜め向かいの雑貨店〈アオキズ・ノースショア・トレーディング・コー〉の横に移転。

今回の旅で改めて実感したのは、ハワイの気候とシェイブアイスの相性のよさでした。Tシャツにビーサン姿のロコたちって、シェイブアイスが似合うんだよなぁ。カラッと爽やかな空気には甘いシロップがぴったりだし、青い空の下で食べるレインボーかき氷は、夏のワクワク気分を加速させるんです。

ハワイには日系アメリカ人の家族が営むかき氷店が多くありました。私が取材に伺った〈アオキズ・シェイブアイス〉もそのひとつ。常連のお客さんが顔を出しに来ていて、スタッフとの会話が盛り上がっていました。なかでも1981年から続いているアオキは、外観から"ザ・ハワイ"ってイメージのお店だったので、移転してしまったのはとっても残念。とはいえ、4代目のキャシーさんが次の店でまた新しい物語を作り出してくれるんだと思います!(2017年に移転ずみ)

ショッピングやビーチで遊んだ後に食べると、疲れたカラダがたちまち元気になるカラフルなシェイブアイス。なによりひと口目から「ハワイに来た!」って気分が味わえるのが最高です。すべてのお店に共通していたのは幸福感。ハワイで食べたシェイブアイスは、なんだかどれもハッピーな味がしました。

蒼井さんに氷作りの楽しさを熱く語った〈松月氷室〉の吉新昌夫さん（通称まささん）。作業場で勇ましく氷をカット。

2013年3月

おがくずの氷室に静かに眠る宝物みたいな天然氷。

日光の天然氷の蔵元〈松月氷室〉へ。初めて氷室を見学に行きました。今もなお、昔ながらの手法で製造から保存まで行っている天然氷の現場に、日本の粋を感じざるをえません。

冬になると、ふとした瞬間に思うことがあります。それは「今年も天然氷を切り出す季節が来たなぁ」ということ。毎冬、かき氷ファンの期待を一身に背負う天然氷の蔵元はなんと、秩父、軽井沢、日光にわずか5軒

右／かき氷として販売する２トン車一杯分の氷は、前日に作業場の冷蔵庫に移動。
左／氷室の中はおがくずでふかふか。

しか残っていません。そんな貴重な蔵元のひとつ、日光の〈松月氷室〉の氷室を2012年の秋に見学に。おがくずの中に眠る宝物みたいな天然氷と対面していた私は、蔵元さんを応援する気持ちにも力が入ります。

天然氷作りは大変な仕事です。きれいに掃除をした氷池に、山から流れてくる岩清水を引き入れて、2週間ほどかけて約15㎝の厚みになるまで凍らせます。表面が一度張ってしまえば、氷は上から下へ固まっていくので、中に木の葉や埃が入ることはありません。ですが、もし雨が降ってしまうとその回の仕込みは終わり。初めからやり直しになってしまうので、この時期の蔵元さんたちは一時も気をゆるめることができません。こうして無事に切り出した氷は氷室の中に積み上げられ、ふかふかやわらかい杉と檜《ひのき》のおがくずに包んで、夏の出荷時期まで保存します。私も氷室の中に入らせてもらったのですが、ひんやり心地よい温度が保たれているし、薄暗さのせいか、なんだか静かで穏やかな気持ちになりました。天然氷が気持ちよく眠れる気持ちもわかるなぁ。

右／氷池と氷室をふたつ持っている、職人気質のまささん。左／均等に切り出された透き通ったきれいな天然氷。

「生みかん」600円。フルーツシロップと相性のいいミルクがけは、追加料金100円。「果実の酸っぱさが和らぐので、お試しあれ」

日光

2013.03.09

松月氷室《しょうげつひむろ》／生みかん

「ふわっふわの初雪に、果汁たっぷりのシロップをかけたみたい。口溶けのよさに感動しました！」。「桃＆ピーチ」（※現在は提供なし）＋ミルクがけ100円。●栃木県日光市今市379　☎0288・21・0162。11時～18時（変更の場合あり）。月曜休（祝日の場合は翌火曜休）。かき氷は通年営業。

昔ながらの製法で作る日光産天然氷のかき氷。

創業明治27年、日光で天然氷の製造販売を営む〈松月氷室〉は初夏から秋まで大にぎわい。ふんわり大きなかき氷を目当てに、2時間待ちの行列ができる日もあるので、時期をちょっとずらして行くことをおすすめします。店主の吉新《よしあら》昌夫さんは、氷室の見学もさせてくれた熱血氷職人のまささん。昔ながらの製法を変えずに作る天然氷は、不純物を含まず純度が高いので、シロップなしで食べても本当においしいんです。250トンもの氷を手作業で切り出し、おがくずに包んで氷室で保存。丁寧さが問われる仕事なのに、〈松月氷室〉のかき氷は値段がとっても安いのです。「なんだかんだこだわっても、かき氷は子どものおやつだからね。高くはできないよ」。この一言でますますファンになりました！

栃木産のいちごをふんだんに使った「いちごミルク」850円。例年10月末まで営業しているが、天然氷がなくなり次第終了。

2013.03.09

四代目徳次郎《よんだいめとくじろう》 ／ いちごミルク

「綿あめみたいにふんわり！」。蒼井さんは「ゆずのかき氷」800円をおかわり。●栃木県日光市霧降1535－4（日光霧降高原チロリン村〈カフェ アウル〉内） ☎0288・54・3355。9時～16時。火曜休。かき氷の販売は4月末から10月末までの予定。

四代受け継がれる天然氷のかき氷。

日光に3軒しか残っていない天然氷の蔵元のひとつが2006年で終止符を打とうとしていることを知った山本雄一郎さんは、「100年続いてきた天然氷の伝統の灯を絶やしてはいけない！」と、四代目のバトンを受け取りました。ですが氷作りは自然と対峙する大変な仕事。〈四代目徳次郎〉となった最初の年は氷作りを学ぶために費やし、晴れて翌年から日光霧降高原チロリン村の中にある〈カフェ アウル〉でかき氷の販売を始めたそうです。卸もしているので、東京で四代目徳次郎さんの天然氷を扱っているかき氷屋さんも多いのですが、ついに本家本元でいただくことに！ 薄くやわらかな氷は、おいしいと思った瞬間にふわっと消えてしまう後引く味。伝統が守られたことに感謝しました。

定番の「宇治金時」980円（税込）。「甘さ加減もとても上品。口の中がさっぱりするのが特徴的でした」と、蒼井さんも大興奮。

2012.12.10

三日月氷菓店《みかづきひょうかてん》／宇治金時

「季節の果実氷」980円（税込）も人気。季節の果実氷もアイスも無添加。「こちらは期間限定で、私はさっぱり味のリンゴをいただきました」●千葉県柏市柏1−5−5 谷澤ビル2F　☎04・7162・3404。11時〜18時（17時30分LO）。火曜・水曜休。

研究熱心な店主が作る、天然氷の絶品かき氷。

天然氷を作る稀少な蔵元のひとつ、日光の三ツ星氷室の氷が食べられる店をネットで調べていたら、柏の〈三日月氷菓店〉にたどり着きました。ここは、2010年オープンのかき氷専門店。まだ見知らぬ名店に期待に胸を膨らませ、いざ柏へ！

最初の1杯は、仕込み中の抹茶シロップのなんとも言えない香りに誘われ「宇治金時」を注文。鉋《かんな》で薄く削ったようなふわふわ氷は口溶けがよく、食べた瞬間になくなってしまいます。驚いたのは、中にミルクアイスが入っていたこと。全メニューに練乳が付くし、どうやら店主は私と同じミルク好きとお見受けしました（笑）。2杯目のリンゴは、目を閉じると果実をまるごと頬張っているような初の食感で、三日月さんの研究ぶりにすごく感銘を受けちゃいました！

おすすめのかき氷は、定番メニューの「煎り番茶と小豆、豆乳ホイップ」2,200円。お好みでラムをかけるのもおすすめ。

2012.11.09

麦酒屋るぷりん《びーるやるぷりん》／煎り番茶と小豆、豆乳ホイップ

「桃のかき氷」2,200円〜。●東京都中央区銀座6−7−7 浦野ビル3F　☎03･6228･5728。夏限定のかき氷タイム15時〜22時LO（火曜17時〜、土・日・祝〜21時LO）。月曜休。かき氷単品での予約不可。2階の姉妹店〈炭火屋るぷりん〉でもかき氷を提供。

生産者の思いをつなぐ、素材重視のかき氷。

この連載を始めた当初は秋冬にかき氷を提供するお店は少なかったのですが、私の地道な活動のかいあってか、最近は状況が変わってきました。銀座にあるお店、国産クラフトビールの〈麦酒屋るぷりん〉にも、デザートメニューに一年中かき氷があります。デザートとはいえ本格派、日光の天然氷の蔵元〈四代目徳次郎〉の氷を一年中使います。長く薄く削られた氷の食感は綿雪みたいにふわっふわ。煎《い》り番茶のシロップは最後の一口まで香ばしく、桃のシロップはみずみずしい果実をまるごといただいたような贅沢な味でした。店主の西塚晃久さんは、小規模でがんばっている日本の生産者さんとのつながりを第一に店を始めたそう。その誠実な仕事が、味にも反映されている気がしました。

黒蜜と焦がしきなこの風味が香ばしい、「氷きなこ」750円。「しっかり濃厚なのに爽やかさもある、私好みのシロップです」

2012.10.10

浅草浪花家《あさくさなにわや》 / 宇治金時

「やっぱりあんこは浪花家の心。しみじみおいしい」。「宇治金時」850円。本家よりかき氷は豊富で、15種類以上ある。●東京都台東区浅草2－12－4　☎03・3842・0988。10時～19時。火曜不定休。たい焼き１匹170円。

老舗たい焼き屋から暖簾分けした下町茶房。

多いときは週に2、3度行くこともあった麻布十番のたい焼き屋さん〈浪花家総本店〉を卒業した二人のお弟子さんが、2010年の冬に暖簾分け。〈浅草浪花家〉をオープンしました。本家の味を引き継いだのはたい焼きだけではありません。初夏から秋まではかき氷も食べられるんです！ 店主の安田亮介さんの奥様がお茶のマイスターで、抹茶やほうじ茶のかき氷は抜群。あんこがおいしいのは言うまでもないので、久々に宇治金時を堪能しました。空気を含んだ氷は口溶けも軽く、真夏でもないのに2品目のきなこまで注文。私は白玉をトッピングして食べごたえをアップさせました。下町のお店らしく常連さんの世代もさまざま。そんなところも居心地よく、こちらにもまた通い詰めそうな予感が……。

宿泊客に振る舞われる、料理長こだわりの「黒蜜かき氷」。もう一品、鹿児島ならではの涼味、練乳味の「シロクマ」もある。

鹿児島

2012.09.10

妙見《みょうけん》 石原荘《いしはらそう》 ／ 黒蜜かき氷

エントランスで「シロクマ」を。「運がよければ立ち寄り湯や日帰りのお客さんも味わえることも！」●鹿児島県霧島市隼人町嘉例川4376　☎0995・77・2111。鹿児島空港から車で約15分。中村好文が手がけた露天風呂も話題。

宿泊客へのおもてなし、旅館のウェルカム氷。

暑い日にホテルや旅館に着いて、冷たいウェルカムドリンクが出てきたりするとうれしいですよね。それがもしかき氷だったら……。はい、そんな夢みたいな宿が実際に鹿児島の霧島にあるんです。〈妙見 石原荘〉は、1万坪の敷地に自家源泉を6本も持つ緑豊かな旅館。ここに、宿泊客のみに提供するウェルカムスイーツとしてかき氷があります。なんとも粋な計らいです。特別に私も「シロクマ」と「黒蜜かき氷」を試食させてもらったのですが、むむむ、どちらも専門店のごとくおいしいのです。小さめの器に盛られたミニシロクマは、練乳とミルクの配分がベストマッチ。徳之島産の黒糖で作った黒蜜シロップも、後味さっぱりの上品な甘さでした。とはいえこれ、温泉に来た人だけの楽しみですのであしからず。

2012年8月

シロクマを探しに鹿児島へ。

「いつかは鹿児島でシロクマ三昧してみたい」
かねてからそうつぶやいていた蒼井さんの
長い間の夢が叶った鹿児島のシロクマの旅がスタート。

シロクマとは、フルーツがトッピングされた練乳ベースのかき氷のこと。ミルクのかかったかき氷に目がない私の大好物のひとつです。鹿児島ではかき氷の代名詞ともいえるシロクマは、どっさりと彩りよく盛られたフルーツと、練乳味なのにさっぱりしたミルクシロップが特徴。沖縄でたくさん見かけた〝クマの顔〟を再現したタイプとはほとんど出会いませんでした。〈パラゴン〉で食べたマンゴー味のシロクマも衝撃だったなぁ。

私にとってシロクマは、メニューにあれば必ず注文する愛すべき存在。そんなわけで、長年の夢だった〝シロクマ発祥の地〟鹿児島に弾丸ツアーを敢行してきました！

右／〈天文館むじゃき〉の前で記念撮影。蒼井さんの隣は御年66歳の白熊君。左／レーズン製の瞳が愛らしいむじゃきの「プリン白熊」850円は直径15㎝、高さ25㎝の大きめサイズ。

鹿児島市

天文館むじゃき《てんもんかんむじゃき》

ストロベリー白熊

白熊を生み出したお店は、
鹿児島観光のメッカでした。

昭和21年創業の〈天文館むじゃき〉は、ミルクシロップをかけたかき氷“白熊”を考案し、鹿児島から全国に広めた最初のお店です。練乳をベースに蜜などで味つけをしたシロップは、濃厚なのに後味はさっぱり。氷には“鉋削り製法”というかき方を用いていて、一枚一枚は薄くふわふわに、氷の断面はザラザラに仕上げることで、ミルクと絡みやすくしているそうです。シロップをかき氷の中央まで浸透させるためにもこの削り方がベストなんですって。４階建ての〈天文館むじゃき〉は、ファミリーレストランのように親子で楽しめる場所だから、子どもはたまらないだろうなぁ（笑）。１日平均2,000食、夏はその倍の数が売れるというから驚きです！

右上／人気ナンバー２は、手作りジャムが甘酸っぱい「ストロベリー白熊」740円。下／「白熊」740円を頬張る蒼井さん。右下／入口で出迎える白熊の剥製。

data :

鹿児島県鹿児島市千日町5街区8号
☎099·222·6904。11時～21時30分。
無休。天文館のランドマーク的存在。
ミニサイズのかき氷も販売している。

鹿児島市

柳川氷室《やながわひむろ》

マンゴー

上／蒼井さんが選んだ「日向夏」300円は手作りのミルクとの相性バッチリ。右上／人気の「マンゴー」300円。※カップは掲載時より変更。右下／元気な柳川ファミリー。忙しさもなんのその。

氷作りのプロがすばやく削る、ふわふわ食感のミルクかき氷。

製氷業を営む〈柳川氷室〉がかき氷の販売を始めたのは2000年のこと。鹿児島の大重谷水源の天然水を６日間かけて固めた純氷は透明でキラキラ。このおいしい氷を使って何かできないかと、かき氷の販売が始まったそうです。注文するやいなやお母さんが猛スピードで氷をガンガン削り、あっという間にふわふわの綿菓子みたいなかき氷が渡されます。技を盗むヒマもなし（笑）。プラス50円で全種類にミルクがけできるので、「日向夏ミルク」をいただきました。まさに九州の夏らしい味。「うちは氷屋だし、テイクアウト専門だからこの値段で頑張ってるの」とお母さん。地元っ子が並んでも食べたいかき氷は、私の心をガッチリつかみました。

data :

鹿児島県鹿児島市堀江町19−6　☎099･222･4609。11時〜18時。無休。かき氷のミルクトッピングは＋50円。氷の卸は通年、かき氷は４月〜10月のみ販売している。

いちき串木野市

パラゴン

マンゴーミルク

コーヒーとジャズに包まれて、ふんわりやわらかな氷を堪能。

鹿児島市内から車で北に約40分。東シナ海に面したいちき串木野市に〈パラゴン〉はあります。店内にはコーヒーの香りが漂い、ジャズが心地よく流れます。店名の「パラゴン」とはあのJBLの名作スピーカー。なめらかで深みのある音色に包まれながら、シロクマを食べる。こんな体験ができるのは世界中探してもここぐらい。マスターの日課はコーヒーの焙煎と氷の温度管理。冷たすぎると氷がパウダー状になってミルクと絡まないので、適温の氷を使うそう。練乳の甘さだけでは氷に負けるので、蜜やシロップとブレンドして、口当たりは軽く、甘さはしっかりあるシロップを作るんですって。この丁寧なひと手間が重要なんですね。

上／「しろくま」950円を食べて、マスターの職人的な仕事に惹かれた蒼井さん。右／果実味たっぷりの「マンゴーミルク」800円。

data :

鹿児島県いちき串木野市昭和通102
☎0996･32･1776。12時〜18時LO（7・8月）。火曜・第1月曜休。プロによるジャズライブも不定期開催。かき氷は夏至から秋分の日まで販売。

南九州市

高城庵《たきあん》

マンゴー、いちごミルク、プラム

武家屋敷はお茶の産地で知られる知覧にある。右から「マンゴー」380円、「いちごミルク」430円、庭で穫れた果実の「プラム」480円（すべて税込）。

data :

鹿児島県南九州市知覧町郡6329　☎0993・83・3186。10時30分〜15時（売り切れ次第終了）。１月９日休。武家屋敷内にある郷土料理店で、定食メニューの粟《あわ》入りごはんが人気。〈高城庵〉のお父さんとお母さん。

カチンカチンの氷と格闘する、お父さんの真面目なかき氷。

鹿児島には、昔ながらの風情が美しく残る〈知覧武家屋敷庭園〉という人気エリアがあります。武家屋敷をそのまま生かした郷土料理のお店が〈高城庵〉。「驚きの食感」との噂を聞き、鹿児島市内から約１時間、車を飛ばしました。一番最初にいただいた「抹茶ミルク」に私はガッツポーズ（笑）。口の中でしばらく弾力が感じられるほどほわっとしていたのです。お店のお父さんに伺うと、「よく切れる刃物を厳選してカチンカチンの氷を薄く削ると、氷が蜜をはじくので、溶けにくくやわらかさが持続するんです」と。食べ進めると、外側の食感はしっかりめ、内側はやわらかめで、氷のバランスが絶妙で、そのアンサンブルに感動しました。

氷マニアな蒼井さん。「氷は室温で温めるのが鉄則だったので、お父さんのお話に驚きました」。「抹茶ミルク」480円（税込）。

「沖縄ぜんざい」450円。「ふわふわなのに氷が溶けにくい。職人的な技を感じます。地元の常連さんが多いのも信頼の証しです」

2012.07.10

パーラー江古田《ぱーらーえこだ》／沖縄ぜんざい

テーブル３つ、カウンター10席の小スペースに、朝食目当てのお客さんが次々訪れる。●東京都練馬区栄町41−7　☎03･6324･7127。８時30分〜18時。火曜休。朝食、ランチメニューもあり。かき氷は「沖縄ぜんざい」のみ（販売期間未定）。

冷たい沖縄ぜんざいと焼きたてパンを一緒に。

沖縄で「ぜんざい」といえば、かき氷のことです。甘く煮た金時豆が入っているのが特徴で、氷とお豆をザクザク混ぜて、甘さを調節しながら食べるのが楽しい。沖縄でしか見たことがないこのぜんざいが、なんと江古田で味わえるというのです！〈パーラー江古田〉は、自家製酵母の焼きたてパンやキッシュが朝から食べられる地元の人気店。このパーラーの夏の風物詩が「沖縄ぜんざい」です。もともと店長さんのおじいちゃんが氷屋さんをやっていて、氷の削り機もかき氷用の器も受け継ぎ、大事に使い続けているそうです。手仕事で丁寧に削られた氷はキメが細かく、黒糖と水だけでふっくらと煮た金時豆はコクがあるのに後味さっぱり。ぜんざいを食べて、熱々のパンをお買い上げ。いい朝になりました。

「甘酒氷」750円。凍らせた甘酒を削った
氷を食べ進めると、中には酒かすアイス
が。やわらかな煮あずきと合わせて。

2012.06.08

SAKE SHOP 福光屋《さけしょっぷ ふくみつや》 / 甘酒氷

「黒味醂みるくジャム」650円は、純米本みりんを7年熟成させたコクのある黒味醂がベース。●東京都港区赤坂9−7−4 ガレリアB1（東京ミッドタウン内） ☎03・6804・5341。11時〜21時。無休。かき氷は現在テイクアウトのみ。6月下旬から9月中旬まで提供。

お酒の仕込み水を使った〝百年水〟製のかき氷。

「日本酒を仕込む際に使われる〝百年水〟で作ったかき氷」。その言葉に誘われて、東京ミッドタウンへ行ってきました。たくさんの人でにぎわう地下ガレリアに、金沢の老舗酒蔵のお店〈SAKE SHOP 福光屋〉はあり、かき氷はここのBARコーナーで食べられます。百年水とは、霊峰白山を源流とするミネラルたっぷりの地下水のこと。福光屋さんは口当たりやわらかなこの天然水を使い、お酒だけじゃなく、かき氷も作り始めたのです。メニューは「黒味醂みるくジャム」「甘酒氷」など個性的なものばかり。みりんやお酢がシロップに!? と半信半疑で注文したら、これがなかなかイケる味。夏みかんは香りも食感も爽やかで、梅雨から夏にかけてぴったりな感じ。洗練された大人のかき氷でした。

日光の蔵元〈三ツ星氷室〉の天然氷を使用。結晶の密度が濃いので、味わいが違うそう。「ひみつのいちごみるく」1,300円。

2012.03.10

ひみつ堂《ひみつどう》／ひみつのいちごみるく

手摘みしたぶどうがぎっしりの「山ぶどう」（価格未定）は秋限定。●東京都台東区谷中3－11－18 ☎03・3824・4132。10時～17時（夏期は～19時）。月曜休（10月～4月は火曜も）。11月～6月はグラタンも販売。

何層にも重なった天然氷のミルフィーユ。

歌舞伎俳優だった森西浩二さんが転身し、かき氷道を志したのは2009年のこと。当初は屋台を引いて千葉、根津、千駄木などをまわり、2年後に開いた店が〈ひみつ堂〉です。今では全国からかき氷好きが集まり、季節を問わず行列ができる盛況ぶり。日光産の天然氷を夏は2トンの冷凍車で2週間に一度は運び込まないと氷が足りなくなるんですって。私も「ひみつのいちごみるく」を一口食べて〝歴代ナンバーワンのいちご味〟と感動。森西さんの手元を見ていたら、ふんわり削った氷をミルフィーユみたいに何層にも重ねていました。手作りシロップは〝夏はあっさり、冬はこってり〟が信条。濃厚な山ぶどうシロップも氷がしっかり受け止めます。冬の間はグラタンまで食べられて、何から何まで完璧でした。

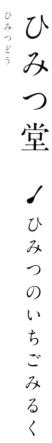

完熟の桃がたっぷりのった「生桃DX」1,050円は夏限定メニュー。「〈赤鰐〉がご近所にあったら入り浸ってたかも！」と蒼井さん。

岐阜

2011.11.10

赤鰐《あかわに》 / 生桃DX

ごまの香ばしい風味が口中に広がる「黒ごまミルク」750円。ほかに、旬のフルーツを使ったかき氷が季節ごとに登場する。●岐阜県岐阜市八幡町13　☎058・264・9552。11時30分〜売り切れ次第終了。水曜休。

硬めの氷と季節の果実のアンサンブル。

「岐阜の赤鰐って知ってる?」。かき氷好きを公表して以来、多くの方から〈赤鰐〉の情報をもらうようになりました。とはいえ、なかなか岐阜に行く機会が訪れませんでしたが、ついにカーサの〝かき氷隊〟で突撃です。1992年に居酒屋さんから一転、オーナーの五島さんはかき氷のお店を始めました。今はなき名古屋の名店〈AMATŌ〉のかき氷に感動し、ここでかき氷の基礎を学んでから独学で今のスタイルを確立させたそう。〈赤鰐〉の氷の食感はちょっと不思議で、ふわふわとシャクシャクが同時にくるのです。ふわふわ氷を作るための鉄則〝氷を室温でゆるめる〟はせずに、冷たく硬い氷を、削り方でやわらかくしてるんですって。頭でわかっても、一朝一夕では得られません。また来なくちゃ。

「抹茶あずき」850円（松陰神社前店。写真は銀座店取材時のもの）。白玉、練乳、アイスなどのトッピング（各100円）も。

2011.09.10

松﨑煎餅《まつざきせんべい》／抹茶あずき

「甘すぎず上品なかき氷は、働くお父さんに元気をくれそう」●東京都世田谷区若林3－17－9（写真の銀座旧本店は閉店。2016年、松陰神社前にコンセプトストアとカフェをオープン）☎03･6884･3296。11時～19時(18時30分LO)。無休。かき氷の提供は５月～９月。

老舗のお煎餅屋さんが手がけた、絶品かき氷。

〈松﨑煎餅〉は、銀座の並木通りにありました。1804年から続く和菓子とお煎餅の大老舗。お煎餅は一口食べるとおいしくてやめられなくなると噂に聞いていたのですが、9月末までかき氷が食べられると知り、まずはこちらを味わいました。ドキドキしながらメニューを開くと、かき氷は「抹茶あずき」一品のみ（現在は複数メニューあり）。見た目はこんもり茂った緑の森みたい。香ばしい抹茶シロップがふんわり氷にまんべんなくなじんでいて、どこからすくってもおいしく、サラッといただけます。2杯目に練乳をトッピングしてみたのですが、これが食べごたえのある濃厚かき氷に変身したんです。ぜひ練乳を注文して味の違いを試してほしいな。帰りはお煎餅をお土産に買って、ニコニコ顔で帰りました（笑）。

2011年7月
氷天国沖縄へ納涼トリップ。

めんそーれ！ ここ沖縄は一年を通してかき氷がメニューに並ぶ〝氷天国〟。那覇・糸満・名護・読谷……、ひんやり冷たい納涼沖縄かき氷トリップの始まりです。

名護の〈パーラーマルミット〉のテラスでくつろぐ蒼井さん。冷んやりふんわりぜんざいを前に、笑顔が止まらない様子。

かき氷のことを沖縄では〝ぜんざい〟と呼びます。知ってる方も多いと思いますが、これが最も大切な基礎知識。メニューにぜんざいと書いてあったら、それは冷んやりしたかき氷のことですのであしからず。お汁粉にはわざわざ〝ホット〟の文字をつけるくらいに、沖縄ではぜんざい＝かき氷が常識なのです。

　ぜんざいに使われる煮豆は、アメリカ産の金時豆が定番。戦後、米軍物資として出まわり、手に入れやすかったのが使われる理由だとか。私はあまりお豆が得意じゃないのですが、ぜんざいの金時豆は大好き。特に今回取材した4軒のお豆はどこもそう甘くなく、あっさり食べやすいのが特徴的でした。沖縄のかき氷を語るには、一にお豆、二に氷といっても過言じゃないのかもしれません。

〈ひがし食堂〉から車で那覇に戻る途中で見つけたちゅらビーチ。「青い空、白い雲、おいしいかき氷（笑）。沖縄には私の好きなものがいっぱいあります！」

ご主人の真面目な人柄がおいしさの秘密です。

お昼前から〈ひがし食堂〉の店内は常連のお客さんでいっぱいでした。この時間はボリュームたっぷりの定食を目指して来る人ばかりで、「ミルクぜんざい」目当ての私はちょっと浮いた存在？　創業から35年間、変わらぬ味とふんわりやわらかい氷の食感を守ってきたお父さんは、職人気質で物静かな人。「削り機の刃は毎日ぴかぴかに磨いています。氷の質を保つには道具の世話をちゃんとするのがミソ」と、おいしさの秘密を話してくれました。私が帰る頃には、すっかりおなかいっぱいになったお客さんが続々とぜんざいを注文。厨房はいつまでも休む間がないようでした。感動したのは、車で食べようとお持ち帰りしたぜんざいが、時間がたってもふんわりしていたこと。お父さん、スゴイなぁ。

上／お父さんが運ぶのは「三色みぞれ」350円。左／「一瞬で氷が消えるので、ミルクの余韻だけ残るのが楽しい」と「ミルクぜんざい」420円をぱくり。

名護
ひがし食堂《ひがししょくどう》
宇治ミルク金時

data :

右の「宇治ミルク金時」は甘みも、氷のふんわり感で後味さらり480円。そばや定食も人気メニュー。●沖縄県名護市大東2−7−1　☎0980・53・4084。11時30分〜19時（18時30分LO）。無休。

那覇

千日《せんにち》

ミルク金時

次の世代にも伝えたい
沖縄のやさしい人と味。

〈千日〉に来たのはこれで２度目。2010年の夏にCMの撮影で沖縄を訪れたときファンになりました。人の優しさがおいしさに表れている、まさに沖縄の味という感じのお店で、レトロな雰囲気の内装もたまらなくかわいいんです。氷は、スプーンですくうときはふわっとしていて、口に入れるとシャクシャクする大好きなタイプ。「いちごミルク氷」なんて、一見大きいかなって思うんだけど、氷が空気を含んでいるからすぐ完食できちゃうくらいの量。お豆はふっくら・あっさり・上品。先代のレシピをそのまま受け継ぎ、砂糖の量からお豆の大きさまで一切変えずに、この場所で50年続けてきたそうです。親子三代で通うお客さんも多いんですって。しみるなぁ。

data :

「ミルク金時」は大きな金時豆が入って500円。鰹出汁の沖縄そば600円も人気。●沖縄県那覇市久米1－7－14　☎098･868･5387。11時30分～19時（梅雨明けから９月末までは～20時）。月曜休。

上右／〈千日〉の店名は次女の千子さんの名前にちなんでつけられた。上左／かき氷は、写真の「いちごミルク氷」や「いちご金時」など全６種類。下／「ミルク金時」。

読《よみ》谷《たん》

鶴亀堂ぜんざい《つるかめどうぜんざい》

紅芋黒糖ぜんざい

細部まで考え抜かれた
完璧な一皿を堪能。

「この白玉と金時豆はなんだっ！」。私は「抹茶みるくぜんざい」をひと口食べて叫びました（笑）。いつもは苦手な白玉が、ふわとろでおいしかったのです。お豆の塩気もいい感じ。聞けば〈鶴亀堂〉の金時豆は甘さ控えめのさっぱり味が特徴で、水と塩、黒糖と白糖のバランスを見ながら６時間かけて煮ているそう。氷にもこだわり、ミネラル分を多く含むものを使っています。食感は〝すくったときはふわっ。口に入るとシャリッ〟。小さめサイズにも理由があり、店長さん曰く「沖縄のかき氷はどこも大きい。自分はもう少し食べたいという余韻を残したくてこの量に至りました」とのこと。細部まで真面目に考えられているから、ここまで完璧においしいのですね。

上／蒼井さんがたちまち平らげた「抹茶みるくぜんざい」450円。左／黒糖みつのかかった「紅芋黒糖ぜんざい」は、「芋よりおいしい芋メニュー！」と絶賛。

data :

「紅芋黒糖ぜんざい」は10周年を記念して名物の紅芋や黒糖を使い作られた。680円。秋冬には焼き芋も。●沖縄県中頭郡読谷村座喜味248－1　☎098･958･1353。11時～17時。水曜休（７・８月は無休）。

名護

パーラーマルミット

コーヒーミルクぜんざい

**南風に吹かれながら、
ひんやりぜんざいを満喫。**

知る人ぞ知る名護の人気店が〈パーラーマルミット〉。比嘉さん姉妹がきび畑の中で始めたぜんざいと家庭料理のお店です。1990年の７月、「子どもたちにお店ができたことを知ってもらうために」小学校が夏休みに入る前日に開店。テラスで暖かい風に吹かれながら注文を考える時間も心地よく、沖縄に来たな〜としみじみ。最初に目にとまったのが「コーヒーミルクぜんざい」。コーヒーと金時豆って合うのかなと、恐るおそる挑戦したら意外にもマッチ。それぞれの甘さが主張しすぎず、口の中で溶け合うのでした。氷はハツユキのアイススライサーでやさしく削られてふわっふわ。南国のリゾート気分も懐かしさも味わえる、沖縄にありそうでなかったお店です。

右上／比嘉さん姉妹。長女のいつ子さん（中）曰く「小さい頃から食べ馴れてきた味を再現してるだけ」。左／「コーヒーミルクぜんざい」。右下／イートインはテラスのみ。持ち帰り可。

data :

「コーヒーミルクぜんざい」はコーヒーと金時豆のコンビが絶妙。400円。沖縄料理も充実。●沖縄県名護市字宮里5−2−7
☎0980･53･2190。11時〜17時30分。不定休。

日頃から私は、「かき氷屋さんには家族代々で営むお店が多い」と思ってたのですが、沖縄はまさにそうなのです。〈千日〉は50年の歩みを持つ二代目のお店ですし、創業から35年の〈ひがし食堂〉も厨房に入っているのは息子さんです。理由はそれぞれでも、職人技を受け継ぐストイックな世界がかき氷にはあるんじゃないかと、想いをめぐらせました。

そんな職人的なかき氷界において、沖縄に新星が登場しました。読谷村にある〈鶴亀堂ぜんざい〉です。ミネラル豊富な沖縄の海水から作られた氷を使ったり、読谷産の紅芋をメニューに生かしたりと、研究に余念がありません。すでに10周年を迎えてはいますが、前述の3軒に比べれば若いお店です。姉妹で営む〈パーラーマルミット〉も家族経営の理想型。「こだわりはないの」と言いながら、さらりと綿のようにふわふわのぜんざいを食べさせてくれる、これまたすご腕のお店。うーん、沖縄のぜんざいは奥が深い！

〈パーラーマルミット〉はがんばり屋の女性たちが働くお店。「このテラスでのんびり沖縄を味わってから帰ります。1泊2日の短い旅でしたが収穫はおおいにありました！」

お店の名物「F氷」750円は抹茶・ミルク・紅茶・レモンの味を楽しめる。「後を引く不思議な魅力」。鬼まんじゅうも名物。

2011.05.10

ささやなぎ／F氷

全国各地にファンの多い「F氷」は、さっぱり上品な味が特徴。●愛知県名古屋市中村区名駅南1−17−2 ☎052・541・0569。12時〜20時（土・日・祝〜19時）。不定休。7月末〜8月初旬の2週間のみ営業。

夏の間だけ開く〝F氷〟の店。

名古屋の老舗和菓子店の方から、「名古屋駅の近くでユニークなかき氷が食べられます」という情報をいただき、さっそく日帰りで行ってきました。老舗が推薦する〈ささやなぎ〉もまた、ご夫婦で営む小さな和菓子店。同業者が認めた秀逸な味、期待度高しです。

一番人気の「F氷」は、抹茶・ミルク・紅茶・レモンのかき氷の王道ともいえる4色のフレーバーが楽しめる巨大なかき氷。コテコテかと思いきや、ふわふわ氷のおかげで繊細かつ品のよい味に仕上がっています。Fの由来は、常連さんの間ではfourだと噂されているそうですが、実は奥様の名前の頭文字だとか(笑)。仲良しのこのご夫婦は、年に夏の間だけお店を開いて、あとは旅に出ているんですって。憧れるなぁ。

「珈琲かき氷」1,000円。きび砂糖のやさしい甘みが〈フグレン〉コーヒーの香りを引き立て、ジューシーな味わいに。

2011.04.10

カヤバ珈琲《かやばこーひー》

珈琲かき氷

谷中ジンジャーやコーヒーなど、個性的なオリジナルシロップのかき氷がある。かき氷は7・8月。●東京都台東区谷中6−1−29　☎03･5832･9896。8時〜18時（17時30分LO）。月曜休（祝日の場合は翌火曜休）。

レトロな雰囲気の中で味わう絶品氷。

大正5年に建てられた町家の、古きよき佇まいが素敵な〈カヤバ珈琲〉。私は映画『ハチミツとクローバー』の撮影中に初めて訪れて、一瞬で虜になりました。なので、閉店の噂を聞いて残念に思っていたんです。ところが、地元の方々の熱い思いによって2009年に復活。新生〈カヤバ珈琲〉はレトロな雰囲気はそのまま、さらに居心地のいい空間になっていました。なによりうれしかったのは、夏限定とはいえかき氷のメニューができたこと。私はいち早く試食させてもらったのですが、ふわふわ氷とシャクシャク氷が絶妙に混ざり合い、手作りシロップもそれぞれ個性的。ピリリと辛い谷中ジンジャーや、いれたてのエスプレッソで作るコーヒーなど、ほかでは食べられない貴重な味に出会えます。

蒼井さんの好きな宇治と氷のシンプルな味わいを堪能できる、990円コースの「宇治金時」。

2010.09.10

ちもと／宇治金時

氷の中に数種の和菓子が入った1,210円（税込）のおまかせコース。●東京都目黒区八雲1－4－6　☎03・3718・4643。10時～17時（定員になり次第受付終了）。木曜・月２回水曜休。かき氷の提供は７月中旬～９月中旬。

並んでも食べたい都立大学の行列かき氷。

初めて〈ちもと〉のかき氷を食べたときのことは今も忘れません。それは２００８年の７月のこと。同じ事務所のともさかりえさんのマネージャーさんから、「ちもとの氷がおいしい」という噂を聞き、その年のかき氷営業が始まる日程を電話で確認して、初日の朝一にお店を訪れたんです。しかし、すでにそこには長蛇の列が！　それでもめげることなく2時間待ちの列の中へ……。こうして食べた宇治ミルクの氷は、本当に素敵な味でした（笑）。余談ですが、ちもと通いをするようになったある日、私は隣の人の大きなかき氷が気になったんです。聞けば、氷の中にあんこが隠れた「宇治金時」だそう。試してみると、さすが和菓子店のかき氷。氷の冷たさがあんこの甘みを抑え、上品な味に仕上がっていました。

TAIWAN

2010年7月

かき氷好きが高じて台湾にきちゃいました。

この土地でかき氷に目覚めた蒼井さん。
南国の果物や豆がたっぷりのった、
台湾ならではの具だくさんかき氷に再会しました。

右／〈臺一牛奶大王〉でいちごとマンゴー、特製ミルクがたっぷりのった「草苺果牛冰」の豪華さに感激の笑顔。「台湾に来たかいがあった」。左／同店で味見中の蒼井さん。なんとこのかき氷の具はプリン。「台湾では珍しくないそう」

漢口街

楊記花生玉米冰《ヤンジーファーシェンユーミービン》

三圓冰《サンユエンビン》

台湾スタンダードともいえる、シリアルみたいなかき氷。

アットホームな雰囲気の〈楊記花生玉米冰〉。ほんのり甘いコーンとピーナッツのかき氷は、1960年の創立当時から愛されています。路面の席で食べれば、ローカル気分に！

右／ゆでたコーンとピーナッツがのった人気No.1の「花生玉米冰」は100元。上／店長のヨーさん（左）とスタッフたち。下／「三圓冰」55元。

data :

「三圓冰」は白玉、タロイモ白玉だんご、サツマイモ白玉だんごがどっさりのって55元。「白玉が素朴でおいしい」と蒼井さん。●台北市漢口街二段38,40號　☎02・2375・2223。11時〜22時。無休。

※台湾の国番号は886。国際電話の場合は市外局番の０は不要。１台湾元は約3.6円です（2020年７月時点）。

新生南路

臺一牛奶大王《タイイーニョウナイダーワン》

布丁牛奶冰《ブーディンニョウナイビン》

私がかき氷好きになったきっかけは10代で行った台北旅行。フルーツやお豆がどっさりのった具だくさんのかき氷が久々に食べたくなって、またまた台湾に来ちゃいました。

日本と台湾のかき氷の概念は随分違います。氷そのものを味わう日本式に対して、台湾式は具がメイン。冷たい具を氷と一緒にシャクシャク食べるのが主流です。そうとは知っていたものの、〈臺一牛奶大王〉で見たプリンのせかき氷のインパクトたるや！　あの発想は台湾ならではですね（笑）。もう一品、フルーツに練乳とミルクをかけたかき氷も注文したのですが、これも私好みの味だったので、気分は一気に高揚しました！

若い感性から生まれた
おもしろメニューあり。

台湾のスイーツ好きの間で大評判の〈臺一牛奶大王〉のかき氷。ユニークなメニューがたくさんあるのが魅力です。学生街にあるお店で、おしゃれな若い人でいつもいっぱい。

左／たくさんあるメニューの中からかき氷をセレクトし、カウンターで注文します。右／蒼井さんが衝撃を受けたプリンのせは、台北ではもはや定番だとか。

data :

ミニサイズのプリンが練乳味のこっくり甘い氷の上にトッピング。「布丁牛奶冰」90元。軽食メニューも。●台北市新生南路三段82號 ☎02･2363･4341。10時～24時。無休。

続いて行ったのは、ゆでたコーンとピーナッツをのせたかき氷が有名な〈楊記花生玉米冰〉。日本ではなじみが薄いですが、台湾では定番の味だとか。一言でいえばかき氷のシリアルみたい。この店は50年続く人気店で、多いときには日に50皿も注文が入るとか。

士林夜市《シーリンイエシー》近くの〈辛發亭〉は、台湾では珍しく氷に力点を置いた店。コーヒーなどの味つき氷がひらひらフレア状に削られた"チャーミー"は、モンブランケーキのような口当たりです。

最後に食べたのは、〈愛玉之夢遊仙草〉の愛玉と仙草のゼリーのかき氷。おだんごやタピオカがのったかき氷も、さっぱり上品な味で気に入りました。

どこのかき氷もおいしくて、またもや、目いっぱい食べちゃいました。台湾、恐るべしです。

安平街

辛發亭《シンファーティン》

雪山蛻變《シュエサントエービエン》

チャーミー発祥の地は、台湾の原宿にありました。

ひらひらしたフレア状の氷が特徴的なチャーミーかき氷。今や台湾名物ともいえますが、もとは〈辛發亭〉の店長・ゴさんが開発したそう。元祖チャーミーを味わうならここへ。

上／お店の前で記念撮影をパチリ。「この通りは、東京でいうと原宿の竹下通りらしいです」。右／チャーミーはほかに、マンゴーやコーヒー、抹茶味もあり。

data :

「雪山蛻變」はピーナッツ味のふわふわチャーミーかき氷80元（金時豆をトッピングする場合は＋10元）。●台北市安平街1號　☎02・2882・0206。15時〜24時。無休。

天然氷のかき氷は
ふわふわやわらかな味。

1995年に屋台からスタートし、2000年に現在の場所に居を構えた〈愛玉之夢遊仙草〉。愛玉や仙草などヘルシーな天然ゼリーが女性を中心に人気を集め、深夜まで大混雑。

右／天然の仙草をじっくりゼリー状にしたものをトッピングしたかき氷。ピーナッツやタロイモがのって栄養価も高い。下／白玉たっぷりの豆花のかき氷。

通化街

愛玉之夢遊仙草《アイユーズーモンヨウシェンツァオ》

豆花綜合冰《ドーファーツオンフービン》

data :

タピオカ、白玉などがのった豆花のかき氷「豆花綜合冰」は60元。ローカロリーゆえタ食後のデザートに人気。●台北市通化街56號 ☎02・2706・1257。12時～翌３時。無休。

〈楊記花生玉米冰〉のかき氷にトッピングする豆やフルーツ。「何にするか迷う時間が一番楽しいですよね」と蒼井さん。

蒼井さんおすすめの「黒糖寒天の黒糖みるく氷」はみるく増量で1,150円。「元気になる黒糖。並んでも食べる価値ありです」

2010.07.09

「宇治みるく」850円や、みたらしだんごも人気。●京都府京都市中京区河原町三条下ル山崎町234－4　☎075・221・5017。10時30分～19時30分。無休。※かき氷は５月から10月頃まで。https://umezono-kyoto.com/　清水店☎075・531・8538。

梅園《うめぞの》 河原町店《かわらまちてん》 / 黒糖寒天の黒糖みるく氷

かき氷の都で見つけた寒天と氷のコラボ。

かき氷好きにとって、古くからの甘味処が建ち並ぶ京都はとても魅力的。暑い季節になると京都のかき氷で涼みたくなって、思いつきで日帰りや1泊くらいのミニ旅行に出かけることがよくあります。１９２７年創業の〈梅園〉は、河原町と清水産寧坂にお店を持つ老舗。私が行った河原町店は午後1時ですでに行列ができていました。早くも一番人気の「黒糖ゼリーのみるく氷（販売終了）」は完売で、私は黒糖寒天をいただくことにしたのですが、これが大正解！　波照間産の黒糖を煮詰めて作られた寒天の食感と味は完全に好みの味だったのです。きめの細かい氷はたっぷり空気を含んでいて、濃厚な黒糖と相性抜群でした。四条烏丸にギャラリー併設の〈うめぞの CAFE&GALLERY〉もできたそうです。

「氷志るこ」700円は、氷にまんべんなくからんだ蜜の上品な甘さと丹波小豆のふっくらやさしい味がシンプルゆえに際立つ。

2010.07.09

かさぎ屋《かさぎや》 ／ 氷志るこ

志るこセーキなど冷たいスイーツに定評あり。「抹茶味が濃厚な『氷宇治』は、くどくない絶妙なおいしさ」●京都府京都市東山区高台寺桝屋町349　☎075･561･9562。11時〜18時。火曜休。※かき氷は５月から９月末頃まで。

氷の中にひっそり隠れた丹波の小豆が決め手です。

京都東山の伝統地区にある、大正3年創業の甘味処〈かさぎ屋〉は、小豆の入ったかき氷がとにかくおいしいと京都のうるさ方からも評判のお店。清水寺へ続く二年坂を上り、右手に『志るこ』という暖簾が見えたら到着です。ドキドキしながら風情ある古民家の戸を開けると、優しそうなお母さんと娘さんが笑顔で迎えてくれてひと安心。私が選んだ「氷志るこ」は、パリパリの氷の中に、ふっくら炊かれた丹波の小豆が隠れていて、蜜と小豆のおいしさをシンプルに堪能できます。初代の頃から氷も小豆も同じ店で仕入れているそうで、製法も同じまま。変わらぬ味を貫くための努力に感動しました。続いて注文した「氷宇治」は、風味豊かな抹茶をストイックなまでに味わえる、これまた私好みの味でした。

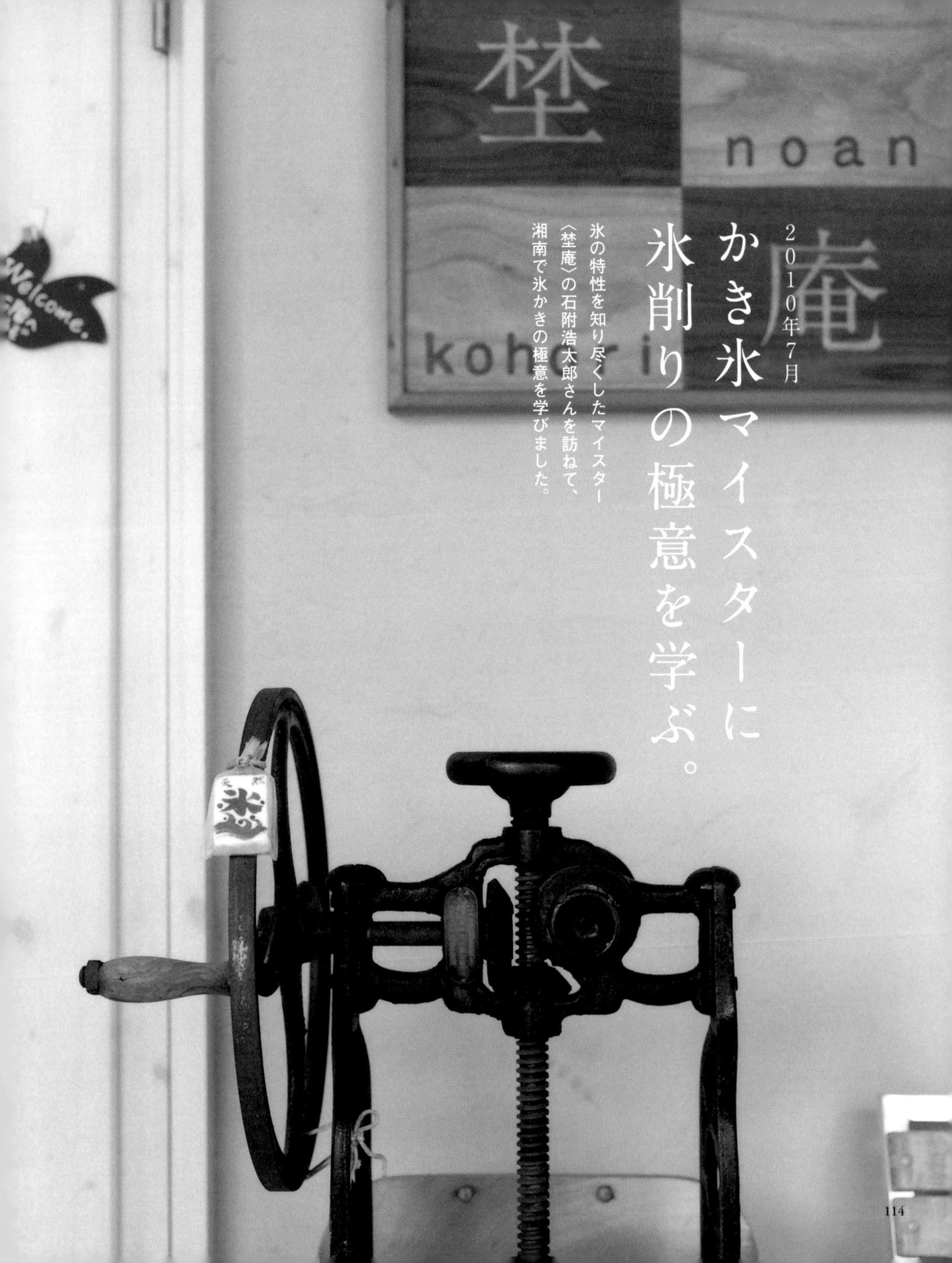

2010年7月

かき氷マイスターに
氷削りの極意を学ぶ。

氷の特性を知り尽くしたマイスター〈埜庵〉の石附浩太郎さんを訪ねて、湘南で氷かきの極意を学びました。

ハツユキ製のかき氷機で、さっそく“氷かき”の練習をスタート。左手で器を持ち、右手で削るスピードを調整していく。

左／蒼井作・天然氷のかき氷。「削っているだけでやわらかさがわかります」。上／自分で削ったかき氷にオレンジ味のシロップをひとかけし、ついに念願の試食タイムに突入。

湘南にかき氷のマイスターがいるという噂を聞きつけた蒼井さん。自らプロ仕様の氷削機を購入し、普段からよりおいしい氷の削り方を追求しているだけに、マイスターに会う一番の目的は削り方の極意を学ぶこと。そしてやっぱり、格別と噂されるかき氷を思う存分に食べること。そこで、東京から車を走らせること約1時間。蒼井さん率いるかき氷隊は、藤沢市鵠沼海岸にある〈埜庵《のあん》〉の店主・石附《いしづき》浩太郎さんのもとへ。

蒼井優（以下A） もちろん一番の目的は氷の勉強ですが、食べるのも楽しみにしてきました。埜庵さんは天然氷をどこから仕入れているんですか？

石附浩太郎（以下I） 日光の蔵元・三ツ星氷室さんからです。僕も冬の間は、三ツ星氷室さんの採氷作業を手伝わせていただいているんですが、天然氷はとても厳しい環境の中で育つので、作業する人は肉体的にも大変なんですよ。

A 天然氷そのものが希少になっているとも聞きました。

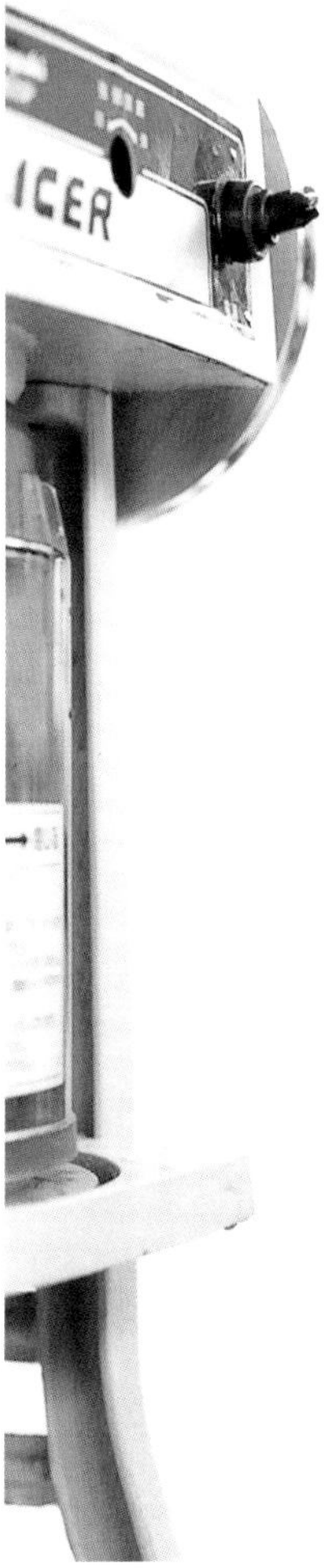

上／店主の石附さんが試行錯誤のもとに商品化した、フルーツの甘みと旨みが凝縮したオリジナルシロップの数々。左／住宅街の一軒家といった、気取らない店構えの〈埜庵〉。

I　それはそうと、さっそく氷を削ってみますか？

A　私も、かき氷機はスワンのものを持っているんです。

I　業務用を使うとはかなりのかき氷マニアですね。うちで使っているのはスワンとハツユキという2種類の機械です。どちらもいい道具ですが、今日は試しにハツユキで作ってみましょう。まずは刃の角度を下げて、氷を薄く削れるように調整します。この手間ひとつで氷がふわふわになるんですよ。削られた氷をまんべんなく受けるには、器を持った左手を回していく。このタイミングが難しいんです。

A　大切な天然氷ですし、愛情を持って削らないと！

完成

I　すごいな、蒼井さんの腕はプロ並みですよ。技よりも愛情だと僕も思うし、教えることがほとんどなかった（笑）。

A　そしたら、〝食べ〟に専念してもいいでしょうか？

I　もちろん！　氷に愛のある人に食べてもらえるのは、かき氷屋としてうれしいかぎりです。

写真は定番の「いちご氷」1,100円（通年販売）。春の人気メニュー、「Wいちご」（春から5月末まで）は希少な一皿。

2010.07.09

埜庵《のあん》 いちご氷

自分で削った天然氷のかき氷をベースに、人気のシロップをまとめて試食。左上から時計回りに、オレンジ、いちご、ミルク、抹茶。●神奈川県藤沢市鵠沼海岸3－5－11　☎0466・33・2500。11時～17時LO。不定休。HP（http://kohori-noan.com/）で確認。

ふわふわ天然氷と果実のフレッシュさに感動。

〈埜庵〉の店主・石附浩太郎さんはとても堅気な方です。天然氷の蔵元さんとの出会いから、勤めを辞めて氷の道に入ったそう。冬には欠かさず天然氷の切り出し作業のお手伝いをし、その年の天然氷のコンディションを確認しています。２０２０年で18年目を迎えますが、今も試行錯誤の日々なんですって！

私が感動したのは、ふわふわの天然氷と果実のフレッシュさが相性抜群の「いちご氷」。ところがさらに上を行くメニュー、春限定の「Wいちご」がありました。これはいちごシロップの中に生いちごのゼリー寄せが入った濃厚な味わいのかき氷。オレンジのかき氷もおいしく、思いつきでミルクをかけたら懐かしい味わいになったので、石附さんに伝えたところ、なんとこれをメニューに加えてもらえました。

「安納芋」700円に、ミルクがけ100円をトッピング。種子島の安納芋で作るソースは、ほっとするやさしい甘さ。

2010.05.10

氷《こおり》石ばし《いしばし》／ミルク

かき氷は500円から1,000円まで。「ミルク」600円、「紅茶ミルク」800円。●東京都世田谷区三軒茶屋1－29－8 ☎03・3411・2130。11時30分～18時頃。日曜・祝日休。※日・祝も気温25℃以上で晴天ならば営業。

昔懐かしいかき氷を味わえます。

氷とドライアイスの専門店〈氷 石ばし〉が、かき氷を始めたのは50年ほど前。お店のご主人が「近所の子どもたちに本物の氷を食べさせてあげたい」と、昔ながらのかき氷を販売しはじめたそうです。三軒茶屋の街をレトロなミゼットで颯爽と走っていた名物ご主人でしたが、2008年に他界されました。ですが元気いっぱいの〝お母さん〟がファンのために、変わらぬ味を守っています。この大好物の「ミルク」を、2杯目にお母さん推薦の「紅茶ミルク」をいただきました。吟味された紅茶シロップに年代物の削り機でシャッシャッと削られた氷、濃厚なミルクで何層にもなった紅茶ミルクは、まるでロイヤルミルクティーのようなコク。お店が混んでいないときは、残ったシロップで氷のおかわりもできます。

巨大サイズの「生いちご」1,000円。かき氷にトッピングするミルクや白玉は各150円。お昼のお弁当のメニューも充実。

2010.04.10

1階は和菓子販売のみ。かき氷は2階、3階の喫茶室で食べられる。●東京都豊島区目白3－13－3　☎03・3953・3388。喫茶室10時～18時30分LO（祝～17時30分LO）。日曜休。かき氷は4月末から9月まで。

志むら《しむら》／生いちご

いちごの崖みたいな衝撃的なかき氷を発見！

和菓子店〈志むら〉の創業は昭和14年。6年後に目白にお店を移し、かき氷が喫茶処のメニューに加わったのも、ちょうどその頃だとか。私はこの店の人気かき氷「生いちご」を初めてネットで見たとき、かなりの衝撃を受けました。これは食べなきゃと実物を見てさらにびっくり、いちごの崖みたいなんです（笑）。背がとっても高く、横から見ると三角形になっていて、しかも片側のみにシロップがかかっている。かなり崩れやすいので食べ方にもコツがいります。普通に食べ始めるとすぐに「もう倒れる。もう無理だ～」となるので、上のほうを崩して、シロップの中に入れる。すると崖崩れが防げます。私のおすすめはミルクトッピング。酸っぱさが和らぐし、やはり生のいちごと練乳との相性は抜群です。

「宇治金時白玉ミルク」1,000円。大人気のたい焼きとともに、かき氷が一年中メニューにある。イートインは2階の席で。

2010.03.10

浪花家総本店《なにわやそうほんてん》

宇治金時白玉ミルク

「氷ミルク」500円を熱々のたい焼き(1匹200円)と一緒に。焼きそばも隠れた人気メニュー。持ち帰りのたい焼きは180円。●東京都港区麻布十番1−8−14　☎03・3583・4975。11時〜19時。火曜・第3水曜休。

浪花家さんのかき氷は、蒼井の大定番!

大人気のたい焼きで知られる、麻布十番の〈浪花家総本店〉に、かき氷があるのをご存じでしょうか? 実は、街の食堂としてスタートした明治42年の創業時からメニューにあったそうなんです。毎日8時間かけて炊き上げる小豆たっぷりの「宇治金時」は大のおすすめ。なのに私は、ここの「氷ミルク」が好きで、迷ったあげくいつもミルクを選んでしまうんです(笑)。たい焼きを焼く型がひっくり返るときのカンカンという音と熱気の中、一緒に出される蜜で自分の好きな甘さに調節しながら氷を食べる時間が、何より幸せ。お店の人は職人気質でなんだか下町的な風情。やっぱり浪花家さんは私のかき氷の故郷です。冷たい氷を焼きたて熱々のたい焼きと一緒に食べる〝冷・熱〟の食べ合わせがまたいいんですよ。

「ほうじ茶」1,000円。オーナーが京都の
専門店で買いつけた厳選茶葉をベースに
コクのあるオリジナルシロップを作る。

2010.02.10

よろにく／ほうじ茶

「ほうじ茶」「薩摩しろくま」共に丹波の黒豆付きで1,000円。〈日山〉の特選和牛を堪能した後に、もうひと喜び。●東京都港区南青山6－6－22 ルナ・ロッサ南青山B1 ☎03・3498・4629。17時～24時（23時LO）。不定休。

焼肉を食べた後は、濃厚なほうじ茶かき氷。

食後のデザートメニューにかき氷があると、うれしい気分になりませんか？ 私はなります（笑）。しかもなんと、〈よろにく〉は焼肉屋さんなのです。特選和牛をたっぷり堪能した後のお楽しみが、この店オリジナルのかき氷「ほうじ茶」と「薩摩しろくま」の2種類。「ほうじ茶」は、京都の日本茶専門店で買いつけた厳選茶葉をベースに、オリジナルのシロップを作ったそうで、チョコレートのような深いコクがあります。食べると上品な甘みと香ばしさが口の中にふわっと広がるクセになる味です。「薩摩しろくま」は、私も大好きな練乳味のかき氷。オーナーが鹿児島名物「白熊」のファンで、フルーツたっぷりの〈よろにく〉版を作ってみたんですって。しばらく通ってしまいそう（笑）。

毎年、シロップや盛りつけが変わるクリスマスシーズン限定の「クリスマスかき氷」。
3月は「ホワイトデーかき氷」も登場。

2009.12.10

しもきた茶苑大山《しもきたちゃえんおおやま》／クリスマスかき氷

「ミルク氷」770円（税込）を食べて、「これも最高」と浮気中。●東京都世田谷区北沢2－30－2－2F ☎03・3466・5588。喫茶室は14時～18時。月曜休、不定休。クリスマスのほかお正月、バレンタインデーなどにも期間限定のかき氷が登場。

待ってました！ 抹茶のクリスマスかき氷。

下北沢にあるお茶の専門店で、素敵な抹茶のかき氷に出会いました。〈しもきた茶苑大山〉の1階は、お茶のマイスターが鑑定した上質の日本茶が購入できるお店。日本茶喫茶室があるのは2階で、ここに私の大好きなスペシャルメニューがあるんです。それは、毎年とても楽しみにしてる「クリスマスかき氷」。抹茶味のかき氷をツリーに見立て、アンズやクコの実、金箔をあしらった限定品で、中の小豆も粒がふっくらして本当においしい。しかも大きい！

6月からのかき氷シーズンには、抹茶、ほうじ茶、ミルク、みぞれの4種がありますが、冬は夏よりさらにふんわり感を出すように丁寧に氷をかくんですって。12月になったら食べられるので、寒くなったら思い出してくださいね。

作業前に新品の靴に履き替え、念願だった「天然氷の切り出し作業」を体験。予想を上回る美しい氷の世界に大感激。

2009年11月

天然氷の蔵元で切り出し体験！

渓流の美しい長瀞《ながとろ》で、〈阿左美冷蔵〉が行う
天然氷の切り出しの見学に。夏に食べたあの味を
思い出しながらの貴重な体験となりました。

５代目の指導の下、氷の上に乗り込む蒼井さん。天然氷は、厚さ15cm×縦50cm×横70cmのサイズに均等に切られていく。

氷の卸専門店として明治23年に創業した阿左美冷蔵。お庭の席に座ると、川を流れる水の音や木漏れ日に癒やされます。

冬の冷たい空気の中、よく晴れた日が20日連続で続くと、長瀞の〈阿左美冷蔵〉（p.136）は天然氷の切り出し作業を行います。毎年、12月の末から1月の前半によきタイミングが訪れるそうなのですが、ここ数年は温暖化の影響もあってお天気が読みにくいとのこと。とはいえ、切り出しは、かき氷ファンとして一度は見てみたい大イベントです。〈阿左美冷蔵 金崎本店〉にある貯氷庫の中のきれいな天然氷を目のあたりにすると、私の好奇心はエスカレート。思い切って店主の阿左美哲男さんに相談したところ、快く見学をOKしてもらえました。3日前まで日程が決まらないということでドキドキでしたが、幸運にも私も切り出し体験ができたんです！

初めて行った天然氷の池は、まるでプールみたいに広くて、「これがかき氷になるんだ」と思うと夢のようでした。職人さんたちは大きなハサミやノコギリを使って手際よく作業を進めています。私は、そんな皆さんのおじゃまにならないように端っこで靴を履き替えて、氷に乗ってみました。そのときの気持ちを言葉にすると「誰かシロップ持ってきてー」（笑）。作業は午後3時すぎに終了。切りたての氷で作ったかき氷をいただく至福の時間が訪れました。

いちごみつ（販売中止）も、蒼井さんが
大好きなメニュー。旬のうちに、いちご
たっぷりのオリジナルシロップを作成。

2009.11.13

阿左美冷蔵《あさみれいぞう》 寶登山道店《ほどさんどうてん》 / 桜あずき

「かき氷の中で一番好みの味かも」と言いながら、桜あずき（1,300円）を堪能する蒼井さん。●埼玉県秩父郡長瀞町大字長瀞781－4　☎0494・66・1885。10時～17時頃。火曜休（12月～3月は不定休。電話にて要確認。

愛する桜味のシロップと再会！

私が大好きな長瀞の〈阿左美冷蔵〉には、金崎本店のほかにもう一軒、〈阿左美冷蔵 寶登山道店〉があります。本店とはメニューも少しだけ違うそうなのです。なんとそこで大好物の「桜あずき」を発見！ 夏の間に本店で食べそこねてしまった私は、喜びいさんで注文しました。なんだか桜色が前の年より薄い気がして、店長さん（オーナーの息子さんです）に聞いてみると、「うちのシロップは桜の花びらや茎や葉などの天然ものをブレンドして作っているので、年ごとに風味や色合いが多少違ってくるんです」との答え。そのとき、「なるほど」と思ったのは実は味のこと。桜餅のような味がすると思っていたのだけど、葉っぱも入っているからなんだなぁと、別の秘密まで解けてしまいました。

かき氷店リスト

●50音順

Alan Wong's …………………… 047
アラン・ウォンズ

1857 S.King St., 3rd Fl., Honolulu
☎808・949・2526
17時～22時。無休。

ヴィカのかき氷屋さん ……… 024
ゔぃかのかきごおりやさん

東京都杉並区西荻北5－7－19 2F（HATOBA）
不定期営業。営業日時はInstagram
（@vika_kakigori）で確認を。

梅園 河原町店 ………………… 110
うめぞの かわらまちてん

京都府京都市中京区河原町三条下ル山崎町234－4
☎075・221・5017
10時30分～19時30分。無休。
※かき氷は５月から10月頃まで。
https://umezono-kyoto.com/

かさぎ屋 ……………………… 112
かさぎや

京都府京都市東山区高台寺桝屋町349
☎075・561・9562
11時～18時。火曜休。
※かき氷は５月から９月末頃まで。

角屋 …………………………… 036
かどや

大阪府大阪市旭区森小路2－8－22
☎06・6952・1487
13時30分～21時。火曜不定休。

カヤバ珈琲 …………………… 098
かやばこーひー

東京都台東区谷中6－1－29
☎03・5832・9896
８時～18時（17時30分LO）。月曜休。
（祝日の場合は翌火曜休）。※かき氷は７・８月。
http://kayaba-coffee.com/

愛玉之夢遊仙草 ……………… 107
アイユーズーモンヨウシェンツァオ

台北市通化街56號
☎02・2706・1257
12時～翌３時。無休。

Aoki's Shave Ice …………… 048
アオキズ・シェイブアイス

66-082 Kamehameha Hwy. Haleiwa
☎808・637・7017
10時～19時。無休。

赤鰐 …………………………… 084
あかわに

岐阜県岐阜市八幡町13
☎058・264・9552
11時30分～売り切れ次第終了。
水曜休。

浅草浪花家 …………………… 066
あさくさなにわや

東京都台東区浅草2－12－4
☎03・3842・0988
10時～19時。火曜不定休。

麻布野菜菓子 ………………… 026
あざぶやさいがし

東京都港区麻布十番3－1－5
☎03・5439・6499
11時～19時30分。火曜休

阿左美冷蔵 寶登山道店 ……… 136
あさみれいぞう ほどさんどうてん

埼玉県秩父郡長瀞町大字長瀞781－4
☎0494・66・1885
10時～17時頃。火曜休
（12月～３月は不定休。電話にて要確認）。

※掲載店の情報は2020年７月時点のものです。国内の情勢により営業時間やかき氷の提供方法などが変更される場合があります。

慈げん …………………………… 030
じげん

埼玉県熊谷市宮町2－95 間庭ビル1F
☎なし
11時～18時（9月以降11時30分～）。
月曜休。

志むら …………………………… 122
しむら

東京都豊島区目白3－13－3
☎03･3953･3388
喫茶室10時～18時30分LO
（祝～17時30分LO）。日曜休。
※かき氷は４月末から９月まで。

しもきた茶苑大山 …………… 128
しもきたちゃえんおおやま

東京都世田谷区北沢2－30－2 2F
☎03･3466･5588
14時～18時（喫茶室）。月曜休、不定休。

松月氷室 ………………………… 058
しょうげつひむろ

栃木県日光市今市379
☎0288･21･0162
11時～18時（変更の場合あり）。月曜休
（祝日の場合は翌火曜休）。

辛發亭 …………………………… 106
シンファーティン

台北市安平街１號
☎02･2882･0206
15時～24時。無休。

千日 ……………………………… 092
せんにち

沖縄県那覇市久米1－7－14
☎098･868･5387
11時30分～19時
（梅雨明けから９月末までは～20時）。月曜休。

かん袋 …………………………… 038
かんぶくろ

大阪府堺市堺区新在家町東1－2－1
☎072･233･1218
10時～17時（売り切れ次第終了）。
火曜・水曜休（祝日の場合は営業）。

氷 石ばし ……………………… 120
こおり いしばし

東京都世田谷区三軒茶屋1－29－8
☎03･3411･2130
11時30分～18時頃。日曜・祝日休。
※日・祝も気温25℃以上で晴天ならば営業。

kotikaze ……………………… 040
こちかぜ

大阪府大阪市天王寺区空清町2－22
☎06･6766･6505
9時～17時30分LO。不定休。
※かき氷は4月から10月末頃まで。

SAKE SHOP 福光屋 …………… 080
さけしょっぷ ふくみつや

東京都港区赤坂9－7－4 ガレリアB1
（東京ミッドタウン内）
☎03･6804･5341
11時～21時。無休。
※かき氷は６月下旬から９月中旬まで提供。

ささやなぎ …………………… 096

愛知県名古屋市中村区名駅南1－17－2
☎052･541･0569
12時～20時（土・日・祝～19時）。
不定休。
※お店の営業は7月末～8月初旬の2週間の予定。
営業日は公式ブログで要確認。

茶房 空花 ……………………… 014
さぼうそらはな

神奈川県鎌倉市由比ガ浜2－7－12
☎0467･55･9522
11時30分～22時。不定休。
※かき氷は６月から９月頃まで。

浪花家総本店《なにわやそうほんてん》 …………………… 124

東京都港区麻布十番1－8－14
☎03·3583·4975
11時～19時。火曜・第３水曜休。

埜庵《のあん》 ……………………………… 118

神奈川県藤沢市鵠沼海岸3－5－11
☎0466·33·2500
11時～17時LO。不定休
（Instagram@kohori_noanを要確認）。
http://kohori-noan.com/

パーラー江古田《ぱーらーえこだ》 ………………… 078

東京都練馬区栄町41－7
☎03·6324·7127
８時30分～18時。火曜休。

パーラーマルミット ………… 094

沖縄県名護市字宮里5－2－7
☎0980·53·2190
11時～17時30分。不定休。

パラゴン ………………………… 074

鹿児島県いちき串木野市昭和通102
☎0996·32·1776
12時～18時LO（7・8月）。火曜・第１月曜休。
※かき氷は夏至から秋分の日まで。

麦酒屋るぷりん《びーるやるぷりん》 ……………… 064

東京都中央区銀座6－7－7 浦野ビル3F
☎03·6228·5728
15時～22時LO
（火曜17時～、土・日・祝～21時LO）
月曜休。かき氷単品での予約不可。

臺一牛奶大王《タイイーニョウナイダーワン》 ………………… 105

台北市新生南路三段82號
☎02·2363·4341
10時～24時。無休。

髙城庵《たきあん》 ………………………… 076

鹿児島県南九州市知覧町郡6329
☎0993·83·3186
10時30分～15時（売り切れ次第終了）。
１月９日休。

茶の西田園《ちゃのにしだえん》 ……………………… 034

埼玉県熊谷市妻沼1523
☎048·588·0304
11時～16時（喫茶室）。月曜休。

ちもと ………………………… 100

東京都目黒区八雲1－4－6
☎03·3718·4643
10時～17時（定員になり次第受付終了）。
木曜・月2回水曜休。
※かき氷の提供は７月中旬～９月中旬。

鶴亀堂ぜんざい《つるかめどうぜんざい》 ……………… 093

沖縄県中頭郡読谷村座喜味248－1
☎098·958·1353
11時～17時。水曜休（7・8月は無休）。

天文館むじゃき《てんもんかんむじゃき》 ……………… 072

鹿児島県鹿児島市千日町5街区8号
☎099·222·6904
11時～21時30分。無休。
http://tenmonkanmujyaki.com/

妙見 石原荘 …………………… 068
みょうけん いしはらそう

鹿児島県霧島市隼人町嘉例川4376
☎0995·77·2111
※かき氷は原則ゲストのみ。

柳川氷室 ……………………… 073
やながわひむろ

鹿児島県鹿児島市堀江町19－6
☎099·222·4609
11時～18時。無休。
※かき氷は４月～10月のみ販売。

楊記花生玉米冰 ……………… 104
ヤンジーファーシェンユーミービン

台北市漢口街二段38,40號
☎02·2375·2223
11時～22時。無休。

よろにく ……………………… 126

東京都港区南青山6－6－22
ルナ・ロッサ南青山B1
☎03·3498·4629
17時～24時（23時LO）。不定休。

四代目徳次郎 ………………… 060
よんだいめとくじろう

栃木県日光市霧降1535－4
（日光霧降高原チロリン村〈カフェ アウル〉内）
☎0288·54·3355
９時～16時。火曜休。
※かき氷は４月末～10月末予定。

Waiola Shave Ice …………… 044
ワイオラ·シェイブアイス

2135 Waiola St. Honolulu
☎808·949·2269
９時～18時（土・日10時～）。無休。

ひがし食堂 …………………… 090
ひがししょくどう

沖縄県名護市大東2－7－1
☎0980·53·4084
11時30分～19時（18時30分LO）。無休。

ひみつ堂 ……………………… 082
ひみつどう

東京都台東区谷中3－11－18
☎03·3824·4132
10時～17時（夏期は～19時）。
月曜休（10月～４月は火曜も）。
※営業時間は公式ツイッターで要確認。

vuori ………………………… 016
ブオリ

神奈川県鎌倉市長谷1－15－1
☎0467·23·2450
12時～17時30分LO。不定休。
※かき氷は６月頃から９月中旬まで。

松﨑煎餅 ……………………… 086
まつざきせんべい

東京都世田谷区若林3－17－9
☎03·6884·3296
11時～19時（18時30分LO）。無休。
※かき氷の提供は５月～９月。

三日月氷菓店 ………………… 062
みかづきひょうかてん

千葉県柏市柏1－5－5 谷澤ビル2F
☎04·7162·3404
11時～18時（17時30分LO）。火曜・水曜休。

みつばち ……………………… 032

東京都文京区湯島3－38－10
☎03·3831·3083
10時30分～20時。無休。
※かき氷は５月の連休明けから９月末まで。

鎌倉で訪れた〈vuori〉（p.16）では「白いんげんミルク」をチョイス。ひと口食べてあまりのおいしさに思わずバンザイ。

おわりに

これまでに一体いくつのかき氷を食べてきたのでしょう。最初はひとりの楽しみだった「かき氷の食べ歩き」でしたが、カーサ ブルータスという仲間ができてからは、おいしい情報を頼りに皆でいろんな場所へ出かけていきました。今回、また久しぶりに取材をしようという話が出てから、すぐには動けない状況になり、それならばと家にこもりながらコツコツ「今のかき氷」について調べていたんです。自分でも驚いたのが、webやSNSの写真を見るだけで「おいしい」ってわかるようになっていたことでした（笑）。私が連載を始めた頃には少数だった〝ふんわり〟と削られた氷が業界の主流になっていて、シロップのバリエーションも豊富になり、スイーツの１ジャンルとして確立された感じがありました。どこのお店も氷の削り方とのバランスをしっかり見極めながら、自由にシロップ作りをしていた！　かき氷は進化を続けていたのです。私と進化系のかき氷とのおつきあいは、この本の制作をきっかけに再びスタートした気がします。かき氷をめぐる旅に終わりはありません。

――――― 2020年夏　蒼井 優

今日も かき氷【進化版】

著者・蒼井 優

2020年7月30日　第1刷発行

発行者　鉄尾周一
編集者　西尾洋一
発行所　株式会社マガジンハウス
〒104-8003 東京都中央区銀座 3-13-10
カーサ ブルータス編集部　☎03・3545・7120
受注センター　☎049・275・1811
印刷・製本　凸版印刷株式会社

ISBN978-4-8387-3116-9 C0095

写真	・	木寺紀雄
スタイリング	・	岡本純子
ヘア&メイク	・	赤松絵利（esper.）
	・	ならいゆみ
	・	砂原由弥（UMiTOS）
取材・構成	・	吉田直子
編集協力	・	内田有佳
デザイン	・	林しほ
校正	・	畠山美音
アーティストマネージメント	・	高柳利恵子（イトーカンパニー）
	・	多田真奈美（イトーカンパニー）
編集	・	真田奈奈
	・	奥村桜子
special thanks	・	古谷昭弘

p.2〜17 衣装協力（五十音順）
ヴェリテクール／キコ
ドーバー ストリート マーケット ギンザ
noguchi／ハウス オブ ロータス
フォトコピュー／マルニ
ミナ ペルホネン